모든 성도는 이제
인대인이다!

모든 성도는 이제
인대인이다!
© 생명의말씀사 2019

2019년 5월 15일 1판 1쇄 발행

펴낸이 | 김재권
펴낸곳 | 생명의말씀사

등록 | 1962. 1. 10. No.300-1962-1
주소 | 서울시 종로구 경희궁1길 5-9(03176)
전화 | 02)738-6555(본사)・02)3159-7979(영업)
팩스 | 02)739-3824(본사)・080-022-8585(영업)

지은이 | 김민정, 박광리, 진영훈

기획편집 | 서정희, 서희연, 장주연
디자인 | 김혜진
인쇄 | 영진문원
제본 | 정문바인텍

ISBN 978-89-04-16668-8 (03230)

저작권자의 허락없이 이 책의 일부 또는 전체를
무단 복제, 전재, 발췌하면 저작권법에 의해 처벌을 받습니다.

교회 안과 밖을 허무는
인생 대 인생의 만남

모든 성도는 이제
인대인이다!

CONTENTS

추천사 | 6
들어가는 말 | 10
프롤로그 | 22

1 인대인, 한 명의 온전한 교회 되기

01 무슨 프로그램이 더 필요할까? | 33
02 '일대일' 그다음이 필요한 이유 | 37
03 인대인이 필요하다 | 44
04 인대인을 위한 3가지 핵심 이야기 | 51

2 나의 이야기(My Story)

01 교회 안에 들어온 집착증 | 63
02 내 증상 파악하기 | 100
03 집착을 해독하는 인대인 | 106

3 그분의 이야기(His Story)

01 말뿐인 복음 | 117
02 복음의 정신을 오해하는 그들에게
　　들려주고 싶은 9가지 이야기 | 121

4 우리의 이야기(Our Story)

01 '나만의', '너만의' 이야기가 아닌 '우리의' 이야기로 | 159
02 듣는 것부터 시작해야 한다 | 167
03 하나님이 나를 대하시듯 다른 이를 대해야 한다 | 185
04 품격 있는 인대인의 대화법 | 204

부록 인생과 인생이 마주하는 만남을 위해

01 '이야기로 본 인대인 삶 바꾸기' 과정이란? | 213
02 새가족 사역의 관점으로 본
　　'이야기로 본 인대인 삶 바꾸기' 과정 소개 | 221

나가는 말　| 228

추천사

종교성보다 관계, 숫자보다 이야기
그리고 개인적이고 장인정신이 깃든 믿음을 중시하다

사람이 살아가는 데는 세 가지가 필요합니다. 먹을 음식이 필요하고, 더불어 살아가며 사랑할 장소가 필요하며 또한 함께 나눌 이야기가 필요합니다. 이 책은 우리가 어떻게 하면 이야기하는 사람(storyteller)일 뿐 아니라 이야기를 찾는 사람(storycatcher)이 될 수 있는지를 보여줍니다. 즉 우리 주변에서 발견되기를 기다리는 이야기들과 성경의 예수님 이야기를 연결하는 게 얼마나 중요한지를 강조합니다.

저는 이 책이 종교성보다 관계(religion over relationship), 숫자보다 내러티브(narratives over numbers), 통계보다 이야기(stories over statistics) 그리고 프로그램이나 프랜차이즈 중심의 믿음보다 개인적이고 장인정신이 깃든 믿음(personal, artisanal faith over a programmatic, franchise faith)을 중시하는 진정한 MRI방식(Missional[선교적], Relational[관계적], Incarnational[성육신적])을 강조하고 있다는 점이 참으로 좋습니다.

이 책을 읽으면서 이야기야말로 두 사람 사이의 가장 짧은 거리일 뿐 아니라 실패와 성공, 정체된 역기능 교회와 역동적인 교회 사이의 가장 짧은 거리임을 발견하게 되기를 바랍니다.

_ 레너드 스윗 (Leonard Sweet, 기독교 미래학자, PreachTheStory.com 설립자, 드류대학교 석좌교수)

세상에서 복음으로 살아가도록
성도들을 독려하고 파송하는 교회가 되려면…

김민정 목사님, 박광리 목사님, 진영훈 목사님이 '인대인'에 대한 책을 함께 쓰고 있다는 소식을 들었을 때 가슴이 뛰었습니다. 예전에 세 목사님과 '복음으로 충만해지는 교회'를 함께 꿈꾸며 이야기한 기억이 떠올랐습니다. 복음이 전부인 교회, 남을 잘되게 하는 교회, 세상에서 복음으로 살아가도록 성도들을 독려하고 파송하는 교회.
성남-위례에서, 미국 LA에서 모일 때마다 밤늦도록 이야기하며 인대인의 열정을 나눠주셨던 세 분이 이렇게 귀한 책을 내주셔서 기쁘고 설렙니다. 제가 뉴시티교회를 개척하고 전도하고 성도들을 양육, 훈련, 상담하면서 고민했던 내용들이 세 분의 책에 모두 잘 녹아 있습니다.
이 책에서 새가족 사역의 최고 전문가인 김민정 목사님은 새가족 전도의 출발점이 되는 '나의 이야기'를 발견하도록 도와줍니다.
선명하고 실제적인 복음 설교가 박광리 목사님은 복음을 삶으로 믿고 경험할 수 있는 예수님, '그분의 이야기'를 들려줍니다.
포스트모던 청년들을 섬기는 깊은 영성가 진영훈 목사님은 우리가 되기 위한, 우리가 함께 만들어가는 '우리의 이야기'를 인도합니다.
참으로 기대가 됩니다. 많은 교회에 인대인 사역이 이뤄지기를 기도합니다.

_ 오 종 향 (뉴시티교회 담임목사)

인대인, 삶과 삶이 만나는 제자도

20세기 선교적 교회의 불을 지폈던 레슬리 뉴비긴은 이 시대 복음의 유일한 해석자는 복음을 믿는 회중의 삶이라고 말했습니다. 과학과 기술의 끝없는 진보와 절대 가치 거부라는 도전의 시대를 살아가는 현대의 크리스천들에게, 복음은 믿는 것을 넘어 살아내야 할 과제가 되었습니다.

바로 이러한 때 『모든 성도는 이제 인대인이다!』가 출간된 것이 매우 반갑습니다. 지식을 넘어 실천적 영역으로 이끌어줄 안내자가 절실한 이때, 복음의 정수와 삶의 핵심을 관통하는 이야기와 질문으로 채워져 있는 이 책이야말로 이 시대가 필요로 하는 바로 그 책이기 때문입니다.

복음 안에서 성도의 부르심과 보내심을 재발견하고, 세상을 향한 신선한 관점을 품게 해주는 이 책이 많은 이의 손에 붙잡혀 사용되기를 바랍니다. 그로 인해 복음이 사람을 바꾸고, 참된 크리스천들이 세상을 변화시킬 수 있음을 증명하기를 기대합니다. 삶과 삶이 만나는 제자도(Life-on-Life Discipleship)를 통해 선교적 부흥이 일어나기를 꿈꾸며 이 책을 적극 추천합니다.

_ 이 상 훈 (풀러신학교 겸임교수)

신앙인과 비신앙인의 경계를 허물어가며
하나님 나라의 통치가 확장되는 일에 동참하기를…

이제까지 한국 교회는 세상과 소통하려 하기보다 일방적으로 진리를 선포하고 상대방을 단순히 전도 대상자로 여기는 태도를 보여왔습니다. 사람을 전인격적인 존재로 보기보다는 단순히 우리 교회를 부흥시킬 수단으로 여기거나, 심지어 복음으로 굴복시킬 대상으로 보기도 했습니다. 그래서 전도 가능성이 보이지 않으면 더 이상 관계를 유지할 필요가 없다고 여기기도 했습니다.

절대 진리를 수호하는 입장에 있는 사람은 전도 대상자와 주거니 받거니 하는 수평적인 대화가 어렵고 도덕적 우월감으로 상대를 낮잡아 보려는 경향이 있기 때문에 인격적인 관계 형성이 쉽지 않습니다. 이러한 신앙 태도로 인해 한국 교회의 신뢰도는 땅에 떨어졌고, 결과적으로 전도가 더욱 어려워지는 악순환에 빠지고 말았습니다.

우리는 이제 이러한 태도를 반성하고 돌이켜야 합니다. 비신앙인들과 어떻게 하면 인격적인 관계를 맺으며 더불어 살아갈 수 있는지 고민하고 새 관점을 터득해야 합니다. 이런 점에서 『모든 성도는 이제 인대인이다!』는 오늘날 한국 교회에 큰 유익이 될 것입니다. 단행본과 교재를 차근차근히 읽어가다 보면 자연스럽게 자신을 돌아보고 복음을 온전히 이해하게 될 것입니다. 그리고 신앙인과 비신앙인의 경계를 허물어가며 더불어 하나님의 형상을 회복하는 일에, 하나님 나라의 통치가 확장되는 일에 동참하게 될 것입니다.

_ 정 재 영 (실천신학대학원대학교 교수)

들어가는 말, 하나

좋은목회연구소
김 민 정 소장

교회에서 세상으로

2005년 새가족 사역을 시작한 이후 딱 10년이 되었을 때 나는 회의에 빠졌다. 기존 새가족 교육의 틀을 완전히 바꾼 획기적인 방식의 강의를 만들었지만 10년의 세월이 지나 과연 그것이 얼마나 새로울 수 있는가에 대한 의문이 들었기 때문이다.

그래서 그 한 해 동안 세미나도 외부 활동도 일체 하지 않았다. 이듬해 사람들의 요청으로 세미나를 열고 첫 회에 300명 넘는 인원이 몰리는 것을 보며 다시 사역을 시작했지만 내 마음 한구석에는 회의감이 여전했다.

새로운 것을 지향한다 하면서(여전히 많은 교회가 새로워하겠지만 내게는 새롭지 않았다) 10년간 해오던 것이 늘 마음에 가시처럼 걸렸다. 모르고 하나만 가르치는 것과 알면서 필요에 따라 가르치는 것은 전혀 달랐다.

결국 앞으로 가야 할 방향을 발견하기 위해 6년간의 목회를 접고 우리는교회로 합류했다. 내게 보이지 않는 것을 이곳에서는 찾을 수 있을 것 같았다. 막연한 그 무언가를 찾기 위해 1여 년간 실험과 고민을 거듭했고 결국 이 책을 출간하게 되었다. 누군가에게는 너무도 단순하고 아무것도 아닌 듯 보일 수 있겠지만, 그토록 오래 토론하고 논쟁하고 실험하고 도전했던 것의 형태를 드디어 잡게 되었다.

이제까지 20여 권의 책을 내면서 부족하지만 집필 기간을 한 달 반 넘겨본 적이 없었다. 그런데 이 책은 족히 1년을 씨름하고도 집필하는 내내 엎었다 다시 쓰기를 거듭하는 고민의 연속이었다.

지난 1년 동안 2회에 걸쳐 우리는교회 성도들을 대상으로 이 책을 갖고 '이야기로 본 인대인 삶 바꾸기'라는 낯선 성경공부를 진행했다. 이유는 현장에서 검증되지 않은 책은 다시 현장에서 먹히지 않는 법이기 때문이다. 더듬더듬 미숙하게 시작했던 것들이 확신으로 이어지면서 골격이 잡히고 방향을 갖게 되었다.

지난 1년 동안 우리는 그간 고민해왔던 것들을 검증하기 위해 외부의 독서 토론이든 세미나든 강연이든 국내외를 막론하고 쫓아다녔다. 방향이 맞다는 확신이 들어도 그것을 가장 단순하게, 가장 실용적으로, 가장 복음적으로 정리하기란 너무 어려웠다.

"결과가 겨우 이거야?"라고 해도 할 말이 없다. 그 결과가 사실이거니까. 때로는 설레고, 때로는 두려운 시간을 보내며 차곡차곡 검증해오던 것을 정리했으나, 어쩌면 '우리 교회'용(?)이 될지 모르겠다. 너무도 단순한 골격에 지나지 않느냐는 이야기를 들을 수도 있다. 하지만 결국 우리가 찾은 것은 원리이고 시작이었다. 앞으로 훨씬 더 다양한 영역의 책과 성경공부 교재가 출간되길 기대하며 '인대인'의 첫 책을 출간한다.

이제 적어도 나는 이 책을 집필하면서 『모든 성도가 새가족부다!』를 출간한 이후 줄곧 고민해오던 방향성을 발견하게 되어 이전보다 자신 있게 새가족 사역을 할 수 있게 되었다. 물론 기존 교회의 현실 목회에서 여전히 더 많은 것을 배워야겠지만 최소

한 나아갈 방향은 잡을 수 있게 되었다. 갈 곳을 모르는 것이 문제이지, 알고 천천히 가는 것은 상관없다.

그리고 만남과 함께하는 여정의 삶을 살아온 진영훈 목사도 합류했다. 진 목사만큼 지성과 영성을 가지면서 공감과 경청, 동행의 삶을 산 목회자를 찾기란 쉽지 않을 것이라 확신한다. 그는 여러 대형 교회의 청빙을 뒤로한 채 오리건의 작은 어촌으로 들어가 5년의 세월을 보냈다.

하나님의 움직이심 없이는 요동함 없는 그에게 수많은 청년이 그 시골을 찾아와 위안을 얻고 치유와 회복을 누렸다. 미래와 자녀에 대한 모든 걱정을 순종 앞에 과감히 내려놓은 삶은 이 시대의 어떤 성공보다 존경받아야 할 부분이라 믿는다.

따라서 집필은 험난한 인생의 여정을 지나며 이 자리까지 걸어온 김민정 목사가 '나의 이야기'를, 올바른 복음과 올바른 하나님을 전하는 것에 목회의 사활을 건 박광리 목사가 '그분의 이야기'를, 경청과 만남, 동행을 통해 하나님을 소개하고 그분을 만나게 하는 삶을 산 진영훈 목사가 '우리의 이야기'를 맡았다. 이렇게 공동 집필한 단행본에 이어 『이야기로 본 인대인 삶 바꾸기』 교재가 각 권별로 출간될 것이다.

모두 부족하지만, 이 책이 한국 교회의 고질적인 병폐인 '실천 없이 무늬만 성도로 사는 삶'을 청산하고 명실상부한 진짜 성도를 세상 속에서 '한 명의 온전한 교회'로 세워가는 데 작은 겨자씨만 한 기여라도 할 수 있기를 소망한다.

들어가는 말, 툴

우리는교회
박 광 리 담임목사

모든 성도를
한 명의 교회로 세우다

 어느 날 한 집사님이 책을 한 권 선물해주셨다. 비영리단체 '진저티프로젝트'(gingerTproject)가 출간한 보고서 형태의 책으로, 지금 이 시대의 변화를 어떻게 이해해야 하는가를 정리한 내용이었다. 인상적인 단어가 있었는데 바로 'Weness'였다. '우리'를 나타내는 대명사 'We'에 명사형 접미사인 'ness'를 붙여 만든 새로운 단어였다. 과거에 알고 있던 '우리'라는 개념을 현 시대에 맞게 이해시키기 위해 만든 것이었다.

 과거의 '우리'는 하나의 일치된 생각을 중심으로 연대감을 갖고 단결했었다. 그러나 현재, 더 나아가 앞으로의 '우리'는 조금은 느슨한 관계성을 갖지만 그렇기 때문에 오히려 각자 갖고 있는 생각과 의견을 공유하며 창의적이고 발전적인 결과를 도출해 간다.

과거를 전통처럼 고수하고만 있으면 전통은 쉽게 폐단이 된다. 예수님은 늘 시대에 혁명적이셨다. 개혁교회도 효율성을 따지면서 과거의 방식을 개선하려는 소모적 노력을 뛰어넘어 비본질의 영역에서 과감한 개혁을 결심해야 한다.

지금까지 교회는 공동체성이라는 명목 아래 성도들의 하나 됨을 강조했다. 분명 그 하나 됨은 동일하신 성부 하나님과 동일하신 성자 하나님(구원자 예수 그리스도), 그리고 동일하신 성령 하나님의 내주를 근거한 것이었다. 그 하나 됨에는 성도들의 은사와 소명에 따른 다양성이 전제되어 있었다.

그러나 시간이 지나면서 한 목회자의 의견 혹은 교회의 방향에 성도의 뜻을 맞추는 것인 양 변질되었다. 공동체라기보다 집단주의처럼 보이기 시작했다. 그래서 세상은 교회를 이기적인 집단처럼 여기게 되었다. 도대체 뭐가 문제일까?

이는 성도 개개인을 예수님의 온전한 제자로 훈련하며 세워가기보다 공동체라는 명분만을 강조했기 때문이다. 한 사람, 한 사람을 하나의 교회로 세워야 하는데, 이를 망각한 채 교회라는 집단 속에서 연대 의식만을 강요했기에 타율적인 신앙인이 되어버린 것이다.

신앙에도 'Weness'가 필요하다. 모든 성도 각자가 하나의 교회로서 자율적 신앙인이 되어 다양함 속에서 일치를 이루는 복음의 공동체를 꿈꾸며 도전해야 한다. 인대인의 목적은 분명하다. '모든 성도를 한 명의 교회로 세우는 것'이다. 이 책은 이 방향을 가리키는 손가락과 같다.

물론 이 한 권의 책만으로 한 사람의 성도가 쉽게 교회로 세워지지는 않겠지만, 이를 하나의 등대로 삼아 신앙의 여정을 한다면 적어도 시행착오를 조금은 줄여갈 수 있지 않을까 기대한다. 잘못된 길에 서 있는 교회와 성도가 이 책을 통해 운전대를 돌려 주님이 기뻐하시는 방향으로 향하는, 신앙 전환의 계기를 얻게 되길 간절히 소망해본다.

들어가는 말, 셋

링컨시티한인교회
진 영 훈 담임목사

모든 인생을
존귀하게 바라볼 수 있는
우리가 되길

　잠깐의 한국 방문 중 올해로 칠순을 맞으신 어머니를 모시고 경남 사천에 있는 아버지 산소를 찾아 추도예배를 드리기 위해 하룻밤을 함께 지내게 되었다. 김민정 목사님과 박광리 목사님이 오랜 시간 고민하고 실험하며 기도와 함께 산고의 고통으로 드디어 내놓게 된 『모든 성도는 이제 인대인이다!』에 부족한 사람을 참여시켜주심에 감사하고 감격스러웠던 마음도 잠깐, 당장 원고 마감의 압박이 컸기에 그날 밤도 숙소의 침대에 기대어 쫓기듯 노트북의 자판을 두드리고 있었다. 하지만 이상하게도 눈과 귀는 어머니가 틀어놓으신 드라마를 계속 향했다.

〈눈이 부시게〉라는 드라마는 과거의 모자와 현재의 모자를 교차로 보여주며 과거의 사건들을 통해 현재를, 그리고 현재의 사건들을 통해 과거의 의미를 치밀하고도 감동적인 구성으로 그려냈다. 알츠하이머병에 걸려 기억을 잃어가는 어머니, 그리고 그런 어머니를 바라보는 아들의 모습을 통해 각 인물의 과거와 현재의 이야기가 놀라운 반전과 새로운 발견으로 재해석되었다.

사랑하는 남편의 억울한 죽음 앞에서 다리를 저는 어린 아들을 데리고 험난한 세월을 살아가야 했던 어머니. 그렇기에 자기 자신을 다그치며 자신의 감정은 숨긴 채 불쌍한 아들에게도 모질고 엄격할 수밖에 없었던 어머니. 그런 어머니를 이해할 수 없었던 아들에게 인생의 역설이 예고 없이 찾아왔다.

눈이 올 때마다 다리가 불편한 자기를 위해 어머니가 새벽 일찍 길을 쓸었다는 사실을 아들은 몰랐다. 아이들의 따돌림과 놀림 때문에 학교에 가기 싫다고 할 때마다 어머니는 매정하게 아들을 내몰았다. 하지만 실상은 험한 세상, 장애를 갖고 살아갈 아이를 강하게 훈련하기 위한 어머니의 사랑임을 아들은 알지 못했다. 오히려 자기의 존재가 어머니에게 걸림돌과 부끄러움이 된다고 오해했었다. 하지만 어머니는 알츠하이머병에 걸렸기에 솔직해질 수 있었고, 아들은 처음으로 그 마음을 들을 수 있었다.

  결국 아들조차 알아보지 못하게 된 어머니에게 아들은 물었다. 인생에서 가장 행복했던 순간은 언제냐고. 어머니는 대답했다. 온 동네에서 밥 짓는 냄새가 나면 아장아장 걷는 아들의 손을 잡고 퇴근하는 남편을 맞으러 집 앞에 나갔던, 그리고 저 멀리 노을 지는 모습을 봤던 그때가 눈부시게 행복했던 때라고. 아들은 자기의 어머니가 아닌 한 여인의 삶을, 그리고 그 본심과 진심을 뒤늦게나마 들을 수 있었다.

  짧지만 강렬했던 한 편의 에피소드를 보며 많은 생각을 하게 되었다. 힘들고 외롭고 막막했을 그때 누군가 그녀를 들어주고, 이해하고, 보듬어줬더라면 얼마나 좋았을까? 어머니와 아들이 서로를 온전히 듣고, 서로의 아픔을 만져주고, 서로 격려하고 붙들어주며 진심 어린 사랑을 표현했다면 얼마나 좋았을까?

  이 드라마는 알츠하이머병이라는 현재의 비극이 세월에 묻혀 있던 사랑의 본심과 과거의 행복을 들추는 과정을 보여주며 다음 사실을 감동적으로 전해주었다. 사실 매 순간이 눈부신 순간이라고. 나는 『모든 성도는 이제 인대인이다!』가 그런 역할을 할 수 있다고 믿는다. 매 순간이 눈부신 의미가 있음을 서로에게 상기시켜주고 또한 그 의미를 온전히 부여해주는, 그래서 각자의 삶이 선하고 아름다우신 하나님의 뜻과 마음으로 가득 차 있음을 누군가에게 확인시켜줄 수 있는 역할 말이다.

  그래서 부족하지만 기대하는 마음으로 함께한다. 그리고 모든 인생을 존귀하게 바라볼 수 있는 우리가 되길 소망한다.

프롤로그

'인대인'이란 무엇인가?

새로운 의미를 부여한 기존의 방식을 설명할 때 느끼는 한계는 '용어'다. 기존의 용어를 사용하면 그것이 갖고 있는 이미지가 선입견이 되어 오해를 일으키기 때문이다. 그래서 어쩔 수 없이 '일대일'이라는 용어를 쓸 수 없었다. '전도 방식'이라는 말도 쓸 수가 없다. 실제로 이 책은 다른 말을 하고 있기 때문이다.

그렇다면 '인대인'은 어떤 의미일까? 인대인은 실천이 없는 성도들을 움직이게 하는 것이다. 교회 안에만 있으려는 사람들을 교회 밖으로 내모는 것이다. 끼리끼리 모여 주구장창 아는 것만 쌓으려는 성도들을 흩어 좋은 사회인으로 만드는 것이다. 이론이 아닌 마음을 담게 하는 것이고, 사람이 가장 소중하다는 것을 삶으로 살게 하는 것이다.

인대인은 온전한 하나님의 정신을 마음에 담아 세상 속에서 편만하게 살아내게 하는 것이다. 이원론적 논리와 이중적 삶에서 벗어나 가면을 벗고 정작 잘 살아야 하는 공간이 교회가 아님을 알려주는 것이다. 좀처럼 발길을 떼지 못하는 성도들에게 용기를 내어 한 걸음 내딛어보라고 말하는 것이다.

본문에서 자세히 설명하겠지만 새로운 용어에 대한 의구심을 먼저 해소할 필요를 느껴 주된 의도를 먼저 언급하게 되었다.

인대인은 나에게서 시작해 우리에게로 나아간다. 내가 왜곡되었으니 입에서 나가는 말이 제대로일 리 없다. 나의 인생을 받아들이지 못하고 원망으로 가득 차 있으니 하나님이 사랑스러울 리 없다.

그래서 나를 진단하고 치유하는 일이 먼저 필요하다. 그렇게 청소된 나에게 잘 정리된 복음이 채워져야 한다. 그리고 뒤틀리지 않은, 복음으로 회복된 성도인 나의 모습으로 이웃을 향해 나아가야 한다.

이웃을 향해 나아갈 때 가져야 할 몇 가지 전제가 있다. 그들을 바라보는 시선과 대하는 태도다. 누군들 사람 귀한 줄 모르겠냐만, 이제까지 우리는 매우 기계적으로 사람들을 대했다. 우리에게 세상 사람들은 전도의 대상 그 이상도 이하도 아니었다. 전도가 될 때까지는 잘해주다가 전도가 끝나면 사랑도 끝이다. 전도라는 목적을 늘 염두에 두고 있기에 한 사람의 인생을 진정으로 존귀하게 여기거나 사심 없이 도움을 주지 못한다. 한없이 잘해주다가 결국 교회 이야기를 하면, 사람들은 '그럼 그렇지. 의도가 있었군'이라 생각하며 역겨워한다. 이제 전도에 대한 세상 사람들의 생각은 이단에 대한 우리의 태도와 다르지 않다.

'존재 대 존재'의 만남 '인 대 인'

인대인에서 강조하고자 하는 '우리의 이야기'는 조금 다르다. 회복된 '나의 이야기'에서 예수님이신 '그분의 이야기'를 올곧게 담는다. 그리고 우리가 만나는 사람이 누구든 그 사람을 하나의 객체로 보는 것이 아니라 하나의 소중한 인생으로 바라본다. 그 사람의 인생을 소중하게 여기고 그 사람의 이야기를 귀하게 여긴다. 그 사람이 복음을 받아들이든 받아들이지 않든 그의 존재

감은 처음과 끝이 전혀 다르지 않다. 그 사람은 하나님의 형상이며 그 인생 자체로 귀한 것이다.

교회에 데려오면 잠깐의 기간 동안 입의 혀처럼 섬겨주다가 '새가족 과정'이 끝나면 소홀해지는, 그런 관리 대상이 아니다. 전도해야겠다 싶어 친한 척 접근했다가 실패하면 다시는 연락하지 않는 그런 관계가 아니다.

그 사람의 삶과 애환, 그 사람 자체에 관심을 갖는 것이다. 왜냐하면 하나님이 더불어 함께 살라고 내 주변에 보내주신 사람이니까!

우리는 내가 살고 있는 동네, 혹은 직장, 교회 등 생활 반경에서 하루에도 수많은 사람을 만난다. 카페의 직원, 마트의 캐셔, 택배 배달원이나 경비원, 혹은 지나가는 동네 사람, 산책하는 사람, 택시 운전사, 학교 선생님, 직장 동료, 이웃집 사람들 등. 그런데 그 사람들이 모두 우리에게 의미 있지는 않다. 우리에게 의미 있는 사람은 가족, 교회의 친한 지인, 직장 동료, 가까이 지내는 이웃 정도다.

그리고 나머지 사람들은 얼굴도 기억하지 못한다. 아니, 마주 대할 때도 눈 한 번 마주치지 않는다. 마트에서는 그저 카드를 건네고 서둘러서 물건값을 계산하고 나간다. 커피를 주문할 때는 메뉴만 본다. 택배를 받을 때는 서로의 손만 보고 곧바로 문을 닫는다.

내가 생활하는 반경에서 만나는 80% 정도의 사람들은 얼굴 없는 존재들이다. 그저 주문 받는 사람, 계산하는 사람, 배달하는 사람 등 유령 같은 존재다.

인대인은 이 유령들을 살려내자는 것이다. 그들의 눈을 바라보며 웃어주고, 그들에게 안부를 물으며 인사하고, 따뜻한 말 한마디라도 건네며 유령인 그들을 소중한 인생으로 살려내자는 것이다. 그래서 존재 대 존재, 인대인이다. 투명 인간을 실존의 인간으로 살려내어 그들을 하나님의 자녀로 바라보며 따뜻하게 다가가는 것이 먼저다.

1년 전, 새로 생긴 동네 카페를 방문했었다. 이제 막 개업을 했으니 손님이 많을 리 없었다. 살아남기 위해 얼마나 고군분투할까 안쓰러운 마음이 들어 웃으며 인사를 나누었다. 그리고 커피 맛이 정말 좋다고 말을 건넸다. 얼마 지나지 않아 또다시 카페를 방문했다. 주인의 눈을 보며 잘 지내셨냐고 안부를 물었다. 카페가 참 좋다고 칭찬을 하자 주인이 조각 케이크를 서비스로 가져다줬다.

　자주 그 카페를 들렀고, 늘 주인의 눈을 보며 웃는 인사를 했다. 매번 주인은 생과일이며 조각 케이크를 가져다줬고, 나는 너무 부담스러워 왜 자꾸 뭘 주냐고 물었다. 그러자 주인이 말했다.

　"저를 보고 환하게 웃어주시는 게 정말 위로가 되었어요. 참 좋으신 분 같아 마음에 힘이 되었답니다. 고마워서 그러니 맛있게 드셔주세요."

　한번은 책을 한 권 선물했더니 그제야 자신도 예전에는 교회를 다녔다며 지금은 바빠서 못 가 아쉽다고 말했다. 그렇게 하나의 따뜻한 존재 대 존재의 만남이 시작되었다.

교회 안과 교회 밖 사람의 만남

인대인의 핵심은 결국 교회 밖의 사람들과 교제하고 삶을 공유하는 데 있다. 우리는 아주 가까운 가족이나 친구, 아니면 아주 먼 선교지를 복음 전할 대상으로 삼아왔다. 극과 극을 달리며 우리의 삶은 균형을 잃었다. 교회 안과 밖 사이에 보이지 않는 강력한 선을 긋고 교회 안 사람들만 인간으로 취급하고 살았다. 그러나 세상은 우리의 적이 아니라 사랑해야 할 대상이며 하나님이 주신 만남의 축복으로 가득한 곳이다.

교회 밖에서의 만남을 다시 살리자. 스쳐지나간 무관심의 대상들을 따뜻한 관심의 대상들로 바꾸자. 그들과 교제를 나누자. 그들을 이제 내가 만나고 사랑해야 할 대상, 내 삶의 일부로 삼기를 하나님은 원하신다.

삶을 나누고 동행하려 한다면 우리는 어색하고 단절된 전도 방식에 목매지 않아도 된다. 함께하며 인생을 나누다 보면 가장 자연스럽고 좋은 타이밍을 하나님이 주실 것이다. 인대인은 그것을 원한다. 사람이 수단이 아니라 목적이 되는 만남. 어떤 목표를 두고 상대를 대상화하는 만남이 아니라 그 사람과 마주친 여정을 함께 걸어가는 만남. 그저 누구라도 작든 크든 마음을 나누며 위로할 수 있는 만남. 만약 이러한 만남이라면 사람들은 지금까지의 일그러진 교회가 아니라 내 안의 소망을 바라보고 새로운 교회인 '성도'를 통해 하나님을 만나게 될 것이다.

모든 교회가 이제 세상으로 나가자고 말은 한다.
하지만 정작 왜 나가야 하는지 그 이유를 정확하게 아는 성도들은 별로 없다.
그저 더 많은 선한 일을 하기 위해서 밖으로 나가야 한다고 생각할 수 있다.
교회 안에만 있는 것이 왜 문제가 되는지 알아야 한다.
한때의 유행처럼 '선교적 교회'를 부르짖다가
또 유행이 바뀌면 교회 안으로 몰려들어오는 것이 아니라
진짜 제자의 삶, 진짜 성도의 삶을 위해 안팎의 균형을 찾아야 한다.

PART. 1

인대인,
한 명의 온전한
교회 되기

01

무슨 프로그램이 더 필요할까?

일반적으로 교회를 개척하는 목회자는 가장 먼저 교회의 방향성을 잡는다. 소그룹 중심의 교회인지, 제자훈련을 하는 교회인지, 일대일을 강조하는 교회인지 혹은 성령 사역을 하는 교회인지를 생각한다.

그리고 그에 따라서 갖춰야 할 프로그램을 결정한다. 성도들의 영적 성장을 돕기 위한 양육 프로그램은 어떻게 할 것인지, 교회의 일꾼을 세우기 위한 훈련 프로그램은 어떻게 할 것인지, 그 외에도 새가족부나 전도부를 위한 프로그램은 어떻게 운영할 것인지 등을 고민한다. 컴퓨터를 켜고 조금 이름이 알려진 교회의 홈페이지에 가 보면 수많은 프로그램으로 가득 채워져 있는 것을 어렵지 않게 볼 수 있다.

2016년 1월 교회(우리는교회)를 개척하면서 역시 프로그램에 대한 고민이 있었다. 그러나 결국은 프로그램 중심의 교회가 되기보다는 "복음 하나로 충분하다!"는 외침을 실현하기 위해 복음을 전부로 삼는 교회가 되기로 결심했다. 성도들이 복음의 DNA로 무장된다면 공동체는 당연히 복음의 정신을 기반으로 세워질 것이라고 확신했다.

교회의 프로그램이 필요 없다는 말은 아니다. 그러나 복음이 먼저이고, 그다음이 프로그램이다. 아무리 좋은 양육과 훈련 프로그램도 교회를 유지하기 위한 수단이 되면 복음의 정신이 약화되고, 때로 복음보다 프로그램이 우위를 점하게 된다. 힘들어도 복음이 가장 먼저이고, 그다음으로 복음의 DNA를 갖춘 성도를 세워가는 데 도움이 되는 프로그램을 찾는 것이 바른 순서다.

복음 중심의 교회를 추구하면서 가장 먼저 실천한 일이 교회 안에서 당연시 여겨지던 많은 예배와 프로그램을 의도적으로 없앤 것이다. 새벽예배, 수요예배, 금요예배, 양육과 훈련 프로그램 등도 의도적으로 하지 않았다. 주일예배 하나만이라도 복음으로 가득한 예배가 되도록 집중했다.

제법 많은 성도가 이렇게 복음 하나만을 외치는 불편한 개척교회를 찾아왔다. 찾아온 성도들을 보면, 기존 교회에서 의미 없는 봉사와 생명력 없는 예배, 그리고 수많은 프로그램에 지쳐 있는 분들이 많았다. 그분들은 주일예배 하나, 복음 하나를 외치는 의도적으로 단순한 교회에서 안식을 누렸다.

개척 후 2여 년이 지날 때 성도들의 수가 조금씩 늘어나면서 본능적으로 이런 생각이 들었다. '이제는 주변의 교회들이 하고 있는 프로그램들을 활용해야 하지 않을까? 지금 우리 교회에 무슨 프로그램이 필요할까?' 성도들 중 많은 사람이 주일에만 예배 드리러 오는 것이 신앙생활의 전부이다 보니까 뭔가 더 하도록 돕고자 하는 마음이 든 것이다.

그래서 소그룹에 참여하지 않는 성도들을 중심으로 일대일 프로그램을 도입하면 좋겠다고 생각했다. 성도들 중에는 이전 교회의 소그룹에서 오히려 상처받아 소그룹에 참여하는 것에 대해 극심한 알레르기 반응을 보이는 분들이 있었다. 그래서 그런 분들을 일대일 프로그램으로 유도해 교회 안으로 더 들어오도록 해야겠다는 생각을 가졌다.

바로 다음 학기부터 일대일 양육자(리더)들을 먼저 훈련하고, 그들에게 일대일 대상자(팔로워)를 연결했다. 몇 명의 성도들이 연결되었고, 많은 사람이 참여하지는 않았지만 시작으로는 나쁘지 않았다.

일대일 프로그램을 정착시키기 위해서 두 번째 리더 훈련을 할 때였다. 교회 일을 마치고 집으로 돌아가는 차 안에서 문득 이런 생각이 들었다. '우리 교회는 지금 왜 일대일 프로그램을 하고 있는가? 성도들이 좀 모이니까 관리하려고 프로그램을 도입한 것

인가? 정말 이 프로그램이 복음적으로 활용되고 있는가?'

이 프로그램에 복음이 작동되면 그 결과는 사람이 살아나는 것이어야 한다. 복음은 사람을 살리기 때문이다. 질문에 대한 답을 찾으려고 생각을 계속하는 동안 문득 떠오른 단어가 있는데, 그것이 바로 '인대인'(人對人)이었다.

이때까지만 해도 인대인이 무슨 의미인지가 명확하지 않았다. 그저 기존의 일대일을 더 확장한 개념으로 생각했다. 일대일이 교회 안 성도들을 중심으로 활용하는 프로그램이라면, 인대인은 교회 밖 세상 사람들에게도 확대 적용할 수 있을 것이라 생각했다. 그때부터 '인대인'이라는 단어를 하나님이 주신 것이라 믿고 그 의미를 찾기 위해 고민을 시작했다.

02

'일대일' 그다음이 필요한 이유

1. 영적 비만증 성도
_ 운동 없이 보약만 먹는다고 건강해질 수는 없다

'인대인'이라는 단어를 떠올리며 고민을 시작하다가 그간의 목회를 다시금 돌아보게 되었다. 복음이 전부인 교회를 꿈꾸며 시작했지만 시간이 지나면서 순간순간 목회의 중심에 다른 것들이 들어오려는 것을 알게 되었다.

복음만을 중심에 둔다는 것은 너무 이상적이어서 불가능한 것처럼 보이기까지 한다. '복음은 복음이지만 현실 목회에서 필요한 것들은 따로 있다'는 식의 도전이 몰려오곤 한다. 그럴 때마다 우리는 현실적인 목회가 아니라 이상적인 목회를 고집할 필요가 있다.

인대인은 현실의 도전 앞에서 이상적으로 보이는 복음 중심의 목회로 방향을 틀어준 고마운 단어다.

조금 신랄하게 현실 교회를 이야기하려고 한다. 이미 많은 책과 자료를 통해 교회의 문제들이 지적되어왔는데, 그중 핵심적인 문제는 교회의 대형화다. 교회의 대형화는 목회자를 권력자로 만들고, 돈을 권력으로 만들었다.

권력화가 된 교회에는 계급이 발생한다. 성도라고 다 같은 성도가 아닌 것이다. 성경은 모두가 예수 그리스도의 보혈로 구원받은 한 형제자매라고 강조하지만 현실 교회 안에는 명확한 계급이 존재한다. 목사와 목사 아닌 사람, 장로와 장로 아닌 사람, 권사와 권사 아닌 사람, 그리고 각 부서의 리더와 리더 아닌 사람이 있다.

복음은 평등을 강조하고 차별 없음을 말하지만 교회는 점점 차별을 강조한다. 그 차별 속에서 사람들은 더 우등한 성도가 되기 위해 몸부림을 친다. 열등한 성도는 별 볼 일 없는 존재가 되기 때문이다. 모든 예배와 봉사와 훈련이 우등한 성도가 되기 위한 수단으로 전락하고 있다. 장로가 되고, 권사가 되고, 리더가 되기 위한 과정으로 활용되고 있다.

교회에서 진행되는 프로그램을 하나 마치면 수료증을 받는다. "당신은 이전보다 훌륭한 성도가 되었습니다"라고 인증을 받는 셈이다. 그러고 나면 이전보다 한 단계 더 우등한 성도가 되었다는 성취감에 도취된다.

사람들은 우등한 성도가 되기 위해 더 많은 예배에 참여하고, 더 많이 봉사하고, 더 많은 프로그램을 이수하려 한다. 지금으로는 부족하기 때문에 '더… 더… 더…!' 지금보다 '더' 하려고 한다. 그러나 우등한 성도로 인정받는 순간 자신의 영적인 상태를 보면 아이러니하게도 건강한 신앙이기보다 비만한 신앙일 가능성이 훨씬 더 높다.

비만이 되는 원리는 간단하다. 먹는 칼로리보다 소비하는 칼로리가 적으면 비만해진다. 칼로리가 높은 음식을 많이 먹는다고 건강해지는 것이 아니다. 먹으면 먹을수록 건강해지기보다 비만해진다.

우등한 성도가 되기 위해 예배에 참여해서 은혜를 받고, 소그룹에 참여해서 은혜를 받고, 프로그램에 참여해서 은혜를 받는다. 은혜를 받고 또 받는다. 은혜를 먹고 또 먹는다. 그러나 그 받아 먹은 은혜가 제대로 소비되지 않는다면 건강한 성도가 아니다. 사람들에게 우등한 성도라는 인정을 받을지는 몰라도 영적으로는 비만이다.

이처럼 일대일 프로그램은 우등한 성도를 세워간다는 명목으로 비만 성도를 재생산할 위험이 있다. 새로운 대안과 새로운 시작이 필요한 시점이다.

2. 교회 내부용 성도

_ 운전 학원 안에서만 운전이 가능한 운전자가 된다

신앙생활에서 매우 중요한 영적 원리 가운데 하나는 바로 '하나님의 부르심'이다. 이 지구상에 구원받을 만한 자격이 있어서 구원을 받은 사람은 단 한 명도 없다. 구원받기 이전에 우리는 죄 가운데 살았고, 죄로 인해 마땅히 죽어야 할 존재로 살아가고 있었다.

그런데 하나님이 그런 우리를 부르셨다. 로마서 말씀에 근거하자면 우리가 하나님과 원수 되었을 때, 하나님을 등지고 죄인으로 살고 있었을 때 하나님이 우리를 부르신 것이다(롬 5:10). 하나님의 부르심이라는 은혜가 먼저 있었기에 우리가 구원에 이르렀다. 그래서 우리는 이 구원을 '복음'(기쁜 소식)이라고 부른다. 내 힘이 아니라 하나님의 전적인 은혜로 죽을 위기에서 벗어났기 때문이다.

하나님의 부르심을 받아 구원을 얻은 성도들은 어떻게 살아야 하는가? 두 가지의 삶이 요구된다.

첫째는 하나님의 은혜를 누리는 삶이다.

둘째는 세상 사람들에게 은혜를 전하는 삶이다.

하나님은 구원받은 성도들이 더 많은 은혜를 누리도록 공동체로 모이게 하셨는데, 그것이 바로 교회 공동체다.

그러나 하나님은 교회 안에 머물며 은혜만 누리라고 교회를 세우신 것이 아니다. 더욱더 힘있게 은혜의 복음을 세상 사람들에게 보이고 전하라는 목적도 함께 주셨다.

초대교회의 에클레시아, 즉 교회는 모여서 밥 먹고, 잠자고, 평생 사는 집이 아니다. 장소나 건물의 개념도 아니다. 모임을 소집한 자의 목적에 따라 부르심을 받은 자들이 모인 모임이다. 그 모임에는 당연히 사람들을 부른 주최자도 참석한다. 다시 말해서, 성도를 부르신 하나님이 계시고 부르심에 반응한 성도가 모여서 이룬 모임이 에클레시아, 바로 교회다. 하나님은 건물로 모으시는 것이 아니라 목적으로, 사명으로 모으신다. 그 모임과 부르심이 교회다.

교회에서 진행되는 프로그램들의 목적이 과연 하나님의 부르심의 목적과 일치하는가? 교회 건물이라는 울타리에 국한된 일꾼을 양성하기 위한 프로그램들은 아닌가? 오늘날 교회는 교회 안에서의 봉사와 활동에 치중하고 있다. 교회 내부용 성도, 교회 내부용 일꾼으로는 하나님이 우리를 부르신 목적과 사명을 감당할 수 없다.

3. 오(誤)전도 성도

_ 잘못 그려진 지도를 고쳐야 목적지에 도달할 수 있다

어느 선교사님을 통해 낯선 용어를 접하게 되었다. 바로 '오(誤)전도 종족'(Wrongly Reached Tribes)이라는 말이다. '미(未)전도 종족'은 많이 들어봤지만 오전도 종족 선교는 처음 알았다. 관련 자료들을 자세히 읽어보니 아메리칸 인디언의 예가 많이 나왔다.

현재 미국 영토에는 원주민들이 살고 있었다. 그런데 미국이 그 땅을 점령하면서 많은 인디언을 핍박하고 학살했다. 그것도 신앙을 빌미잡아 영토를 빼앗고 노예처럼 부리는 일을 일삼았다.

그렇다 보니 아메리칸 원주민들은 기독교를 백인들의 종교요, 침략의 종교요, 학살과 강도들의 종교로 여기게 되었다. 게다가 그들은 기독교로의 개종을 강요당했다. 정치와 군사력에 근거한 잘못된 복음이 들어가면서 하나님의 부르심과 은혜가 비친 것이 아니라 욕심 많은 인간들의 사악함이 원주민들의 마음으로 파고 들어갔다. 그들은 기독교에 저항했고, 가장 전도하기 어려운 집단이 되었다.

사도 바울은 이미 세워진 로마 교회를 향해 복음을 전했다. 이미 복음을 안다고 생각한 로마 교회에게 복음을 설명하는 편지를 썼다. 로마의 황제로부터 나오는 세상적인 부와 성공을 예수 그리스도의 복음으로 혼동한 로마 교회를 향해 바른 복음을 알린 것이다.

복음이 있는 곳에는 에클레시아가 존재한다. 그러나 교회 건물이 존재한다고 해서 복음이 있는 것은 아니다. 건물은 있어도 그만, 없어도 그만이다. 건물은 편리성을 제공할 뿐이다. 그러나 복음은 반드시 있어야 한다. 지금의 교회는 비만해진 성도들에게, 또한 교회 내부용 성도들에게 복음이 제대로 존재하고 있는지를 심각하게 물어야 한다. 우리 자신부터 복음을 오해한 채 신앙생활을 하고 있는 오전도 성도는 아닌지 살펴야 한다.

예수 그리스도의 복음을 황제의 복음으로 오해한 로마 교회는 예수님을 이용해 복과 부와 성공을 얻으려 했던 것을 교정받아야 했다. 우리도 마찬가지다. 오늘날 교회 건물 안에 갇힌 성도들은 어떠한가? 신앙생활의 80% 이상을 교회 안에서만 하고 있는 성도들 속에서 복음은 제대로 작동하고 있는 것일까?

03

인대인이
필요하다

1. 복음 안 사람과 복음 밖 사람의 만남

_ 우리만의 깊은 행복이 아니라 더 많은 사람의 행복을 위해
  문을 열고 나가야 한다

'우리 교회에 어떤 프로그램이 필요할까?'를 생각하며 일대일을 도입했다가 그것이 인대인이 되었다. 일대일 프로그램의 무용론을 말하려는 것이 아니다. 개인만의 은혜는 결국 비만 성도를 만들고, 교회에서만 활동하는 반쪽짜리 성도를 만들며, 복음의 정신과는 다른 방향으로 사는 성도를 만들 수 있다는 것이다. 인대인은 이런 문제의식에서 출발했다.

물론 인대인이 모든 문제를 해결할 수는 없다. 그러나 '선교적 교회'(Missional Church)에 대한 이론이 확산되고 성도 한 사람, 한 사람의 실제적인 변화를 위한 방법이 모색되고 있는 시점에서 인대인은 분명 작은 나비의 날갯짓은 될 것이다.

인	대	인
복음 안의 사람 (복음을 제대로 알고 전하는 사람)	어떻게 소통할 것인가?	복음 밖의 사람

첫 번째 인 : '인대인'의 앞에 놓인 '인'과 뒤에 놓인 '인'은 다르다. 전자는 '복음 안의 사람'이다. 후자는 '복음 밖의 사람'이다. 사실 교회를 기준으로 교회 안과 밖을 구분하기보다는 복음을 기준으로 구분하는 것이 더 정확하다고 본다. 복음 안에 있는 사람은 예수 그리스도의 복음을 들었고, 경험했고, 더 나아가 '말할 수 있는' 사람이어야 한다. 복음을 말할 수 없다면 그 사람은 복음 안에 있다고 하기 어렵다. '말할 수 없다'는 것은 '알지 못한다'는 의미이기 때문이다.

두 번째 인 : 복음 밖의 사람으로, 때로 교회 안에도 있을 수 있다. 마치 로마 교회처럼 오전도 성도들이 있다는 것이다. 그들에게도 바른 복음이 전해져야 한다. 복음 밖의 사람은 교회 안에

있는 오전도 성도를 포함해서 무종교인, 그리고 무종교인과 조금 결을 달리하는 무신론자를 말한다.

인대인은 기존 교회 안의 프로그램이 아니다. 인대인은 복음 안으로 들어온 하나님의 자녀들이 마땅히 살아야 하는 삶의 방향이다. 인대인은 하나의 개교회를 위한 프로그램이 아니라 성도들이 하나님 나라라는 큰 틀을 보고 살아가도록 돕는 프로그램이다.

가운데 (대) : 마지막으로 한 가지 더 다뤄야 하는 것은 '인'과 '인' 사이에 있는 '대'의 의미다. 복음 안의 사람은 복음 밖의 사람에게 어떻게 다가갈 것인지를 고민해야 한다. 즉 만남이고 관계다. 복음 밖에 있는 사람들에게 다가가기 위해서는 그들이 어떤 사람들인지를 알아야 한다. 그들의 언어와 삶의 양식을 이해할 필요가 있다.

복음 안의 사람들이 자기만의 방식으로 다가간다면 복음 밖의 사람들은 괴리감만 느낄 뿐이다. 특히 오늘날 복음 밖에 있는 수많은 세상 사람은 기독교에 대해서 호의적이지 않다. 누군가 전도하려고 전도지를 내밀면 말 한마디조차 섞고 싶지 않아서 "나를 전도하지 마세요"라고 적힌 전도 거부 카드를 지니고 다니다 보여줄 정도다. 일방적인 전도는 매우 어려워진 시대라고 감히 말할 수 있다.

그렇기 때문에 온전한 인대인을 위해서는 사람을 대하는 일상의 말과 태도부터 바뀌어야 한다. 교회 안에서만 "주여, 주여" 하는 위선적인 성도의 모습으로는 세상 사람들과 결코 마음으로 만날 수 없다. 온전한 복음 안에 있는 사람이 사랑의 마음으로 다가가 복음 밖에 있는 사람을 만나려면 어디서나 일치된 삶을 살아야 하는 것이다.

2. 한 명의 온전한 교회 되기 프로젝트

_ 겉포장만 보기 좋은 신자가 아니라
진짜 실력이 좋은 신자가 되어야 한다

인대인은 교회용 성도나 교회용 일꾼을 만드는 프로그램이 아니라는 것을 다시 한 번 강조한다. 인대인은 복음 안으로 들어온 성도가 움직이는 교회로서 살아가게 하는 데 목적이 있다.

그런 의미에서 인대인을 '한 명의 온전한 교회 되기 프로젝트'로 명명했다. '한 명의 성도' 혹은 '한 개의 교회'가 아니라 '한 명의 교회'라고 한 데 주목해야 한다. 복음 안에 있는 성도 한 사람은 교회다.

예수님은 구약의 성전을 허물고 3일 만에 다시 세우겠다고 말씀하셨다. 다 알고 있듯이 그것은 예수님이 곧 성전임을 말씀하신 것이고, 동시에 십자가에서 죽었다가 부활할 것을 예언하신 것이었다. 교회가 하나님께 부르심을 받아 소집된 사람들의 모임이라면, 성전은 하나님께 부르심을 받아 성령을 모시고 사는 각 사람을 말한다. 그러므로 교회는 성전들의 모임이라고 해도 과언이 아닐 것이다. 이런 의미에서 성도는 성전이요, 성전의 모임인 교회의 한 부분이다.

지금까지의 설명을 종합하면 실상은 '한 명의 온전한 성전 되기'라고 하는 것이 보다 정확한 표현일 수 있겠다. 하지만 의도적으로 '성전' 대신 '교회'라고 표현했다. 왜냐하면 많은 사람이 건물로 알고 믿는 교회의 이미지를 깨고 싶었기 때문이다.

건물은 결코 교회가 아니다. 그것은 마치 예수님이 건물이라고 하는 것과 같다. 규모가 큰 건물일수록 예수님의 크심을 나타낸다고 생각하는 것과 같다. 이것은 신성 모독이다. 예수님은 건물이 아니시다.

'성전'을 대신해서 '교회'라고 표현한 또 다른 이유가 있는데, 그것은 성도 한 사람으로도 충분히 하나의 성전이며, 하나의 교회일 수 있기 때문이다. 하나님의 임재 가운데 있는 성도라면 그는 충분히 성전이며, 충분히 교회다.

예를 들어, 교회는 예수님을 머리로 삼은 그분의 몸이고, 성도들은 그 몸의 부분을 맡고 있다. 누군가는 눈, 누군가는 손과 발이 되어 유기적으로 그 몸을 섬긴다. 우리는 눈도 몸이라고 한다. 손도 몸이다. 발도 몸이다. 그러므로 한 명의 성도는 교회의 일부요, 동시에 교회라고 할 수 있다.

다음 성경 구절들을 읽어보자.

고린도에 있는 **하나님의 교회 곧 그리스도 예수 안에서 거룩하여지고 성도라 부르심을 받은 자들**과 또 각처에서 우리의 주 곧 그들과 우리의 주 되신 **예수 그리스도의 이름을 부르는 모든 자들에게**(고전 1:2).

너희는 **너희가 하나님의 성전인 것**과 하나님의 **성령이 너희 안에 계시는 것**을 알지 못하느냐(고전 3:16).

너희는 그리스도의 몸이요 지체의 각 부분이라(고전 12:27).

하나님의 성전과 우상이 어찌 일치가 되리요 **우리는 살아 계신 하나님의 성전**이라 이와 같이 하나님께서 이르시되 **내가 그들 가운데 거하며 두루 행하여** 나는 그들의 하나님이 되고 그들은 나의 백성이 되리라(고후 6:16).

우리는 성경을 통해 성전과 교회의 개념을 분명히 알 수 있다.

- 교회는 건물이 아니라 모든 성도다.
- 성도는 예수 그리스도의 몸을 이루는 지체다. 즉 예수 그리스도가 교회다.
- 예수를 믿는 자 안에 성령이 거하시며, 그분은 우리를 성전으로 삼으신다.
- 성전인 우리가 교회다.
- 성령이 운행하시는 곳이 바로 성전이다.

'한 명의 온전한 교회 되기 프로젝트'는 겉모양만 성도인 사람들이 변화해 명실상부한 진짜 성도요, 세상 속의 교회로 거듭나기 위한 일이다. 세상에서 교회가 받고 있는 오해를 풀고 진짜 성도가 어떠한지를 보여야 하는 과제가 우리에게 있다.

안과 밖이 동일한 삶, 복음을 알고 살아내고 전하는 삶을 통해 예수님처럼 세상을 사랑하고 그들에게 손 내미는 진정성 있는 성도, 스스로 교회 된 성도가 필요한 시대다.

04
인대인을 위한 3가지 핵심 이야기

인대인 훈련은 한 명의 온전한 교회가 되기 위해 다음 3가지 이야기를 강조한다.

첫째는 나에게 주신 은혜의 이야기, 나의 이야기(My Story)다.

둘째는 하나님의 사랑이 나타난 예수님, 바로 그분의 이야기(His Story)다.

셋째는 복음 밖에 있는 사람들과 함께 만들어가는 우리의 이야기(Our Story)다.

1. 나의 이야기(My Story)

사람들은 생각보다 자신을 알지 못한다. 내가 누구인지, 내가 무엇을 좋아하는지, 내가 어떤 때 슬픈지, 심지어 복음이 나를 어떻게 움직이고 있는지 관심도 없다. 하나님은 이웃을 사랑하기 전에 나를 먼저 사랑하라고 하셨다. 그런데 우리는 언제나 의무적으로 남을 바라본다. 억지로 바라본다. '사랑해야지!'라고 스스로에게 다그친다. 그래서 사랑이 안 된다. 내가 나에게 받아들여지지 않았기 때문에 남을 받아들일 공간이 없는 것이다.

둘째도 그와 같으니 네 이웃을 **네 자신같이 사랑하라** 하셨으니 (마 22:39).

우리는 '나를 이해하는 법'을 배우지 못했다. 나의 지난 인생 이야기는 왜곡되고, 때로 과장된다. 내 유년 시절은 아픈 기억으로 점철되어 있다고 믿지만 사실은 그렇지 않다. '나의 이야기 글쓰기'를 통해 우리가 자신의 인생을 얼마나 왜곡한 채로 기억하고 있는지를 발견하게 된다.

어쩌면 우리는 누군가에게 복음을 전하기 위한 도구로서 자신을 알아가는 것이 아니라, 더 근본적으로 자기 자신을 알아갈 필요가 있다. 하나님 앞에서 나의 지난 인생을 재발견하고 정리해야 한다. 그렇게 내 인생을 사랑할 수 있어야 남을 사랑할 수 있게 된다.

복음을 전하는 것도 마찬가지다. 누군가에게 복음을 전하려면 먼저 나 자신의 신앙을 점검해야 한다. 복음이 어떻게 나에게 영향을 미쳤는지를 모른다면 다른 사람에게 복음을 전할 수 없다.

요즘 동네마다 맛집이 뜬다. 식사 시간이 되기도 전에 손님들이 줄을 길게 늘어선다면 그 식당은 필경 맛집이다. 맛집은 소문에 의해 전파된다. 누군가가 먹어보고 맛있다고 전하면서 맛집이 알려진다. 먹어봤기 때문에 그 음식의 맛을 더 생생하게 전할 수 있는 것이다.

복음 역시 전해지는 것인데, 내가 맛보지 못한 복음이라면 그 복음은 힘이 없을 것이다. 들어 아는 복음만이 아니라 맛보아 아는 복음이 필요하다. 내가 어떻게 신앙생활을 시작하게 되었는지, 하나님이 내 인생을 어떻게 인도하셨는지, 내가 기쁠 때 혹은 고난당할 때 하나님은 어디에 계셨는지를 찾고 기억해야 한다.

> 너희 마음에 그리스도를 주로 삼아 거룩하게 하고 너희 속에 있는 소망에 관한 이유를 묻는 자에게는 대답할 것을 항상 준비하되 온유와 두려움으로 하고 (벧전 3:15).

내 안에 소망이 있어야 하고, 그 소망은 보여야 한다. 그것이 바로 복음일 것이다. 내 안에 복음을 소유하는 것이 먼저다. 그리고 그 복음이 보일 때 사람들이 내게 물어올 것이다. 그때 나는 무엇을 대답으로 내놓을 수 있을까? 바로 내 삶에 역사하신 하나님이다. 이론으로 익히고 외운 복음이 아니라 살아 있는 이야기로서의 복음은 큰 힘을 발휘한다.

'이야기로 본 인대인 삶 바꾸기' 과정을 통해 나의 이야기를 직접 글로 적어본 사람들은 새로운 사실을 발견하게 된다. 이전에는 감사할 수 없었던 일이 나의 이야기를 정리하면서 감사할 일로 변한다. 어린 시절의 내 모습을 적다가 지금 그 나이의 자녀를 이해하게 되면서 눈물을 흘린다.

그리고 더불어 삶의 변화를 경험한다. 지금까지 내게 역사하신 에벤에셀의 하나님과 내 삶에 들어온 복음을 나의 이야기를 통해 확인하는 것이다. 그것은 말할 수 있는 또 하나의 살아 있는 이야기 복음이 된다.

2. 그분의 이야기(His Story)

우리는 교회를 다니면서부터 예수님의 이야기를 들었다. 그래서 다 알고 있다고 생각한다. 복음은 신앙의 기초라 생각하며 소홀히 여긴다. 그런데 정작 불신자에게 복음을 전하라고 하면 대부분 머뭇거린다. 오랫동안 교회를 다녔지만 복음을 전하는 것은 특별한 사람만 할 수 있는 일이라 여긴다. 전도 폭발 훈련을 받은 사람만 복음을 전할 수 있다고 생각한다.

유대인의 하브루타 교육의 핵심은 "말할 수 없는 것은 아는 것이 아니다"이다. 말할 수 있어야 비로소 내가 그 내용을 알고 있는 것이다. 우리는 복음을 말할 수 있을 만큼 알아야 한다. 복음은 단순한 공식이 아니다. "예수 천국! 불신 지옥!"이라는 구호도 아니다. 복음은 예수님이 하신 말씀과 이 땅에서 살아내신 삶을 다 포함한다. 하나님 나라에 대한 비밀스러운 신비도 들어 있다.

내 안에 있는 소망을 발견한 자들이 그것이 무엇이냐고 궁금해할 때 우리는 당당히 전할 수 있어야 한다. 교회를 30년 다녀도 복음을 말할 수 없어서 교역자만 찾아다니는 사람이 있다. 이것은 문제가 좀 있다. 복음은 교역자의 것이 아니라 바로 나의 것이다. 나를 위한 예수 그리스도의 이야기다.

우리는 어느 때라도 불신자를 만나면 그를 영접 기도로 인도할 수 있을 만큼 잘 준비되어야 한다. 그러나 요즘은 전도 책자를 통한 복음 소개보다 관계를 통한 전도가 더 중요하다. 그 내용이 짧든 길든 나에게 그분의 이야기가 어떻게 정리되어 있느냐가 중요하다.

그리고 단지 예수 그리스도가 죄인 된 나를 구원하기 위해 이 땅에 오셔서 십자가를 지셨다는 구원의 내용만이 아니라 그 은혜의 원칙으로 사는 삶이 어떠한 것인지를 이해해야 한다. 예수님이 십자가에서 우리의 죄를 대속하신 사실을 모르는 성도가 몇 명이나 되겠는가! 우리의 문제는 그 사실을 알고만 있을 뿐 복음과 상관없는 삶에 머물러 있다는 데 있다. 복음의 원리가 내 삶 가운데 전혀 스며들지 못한다. 그래서 때로 율법적이고, 때로 유교적이며, 때로 세속적인 것이 내 삶에서 교차한다.

'그분의 이야기'에서 우리는 십자가의 죽음만이 아니라 복음의 정신과 원칙대로 사는 삶을 알아야 한다. 그래야 예수님의 이야기가 곧 내 삶의 이야기로 변화되는 과정에 다른 이들을 초대할 수 있다.

나에게 그분의 이야기는 얼마나 선명한가? 그분의 삶과 원칙이 나의 삶과 어떤 관련이 있는가? 복음이 무엇인지 알고, 살고, 전하기 위해 우리는 예수님의 이야기를 더 명확히 알 필요가 있다. 말할 수 있는 복음이 내 안에 있어야 한다.

3. 우리의 이야기(Our Story)

나의 이야기를 정리하고 예수님의 이야기를 말할 수 있게 되었다면 이제 세상 사람들과 소통할 차례다. 우리가 만나야 할 사람은 다양하다. 만나서 나의 이야기와 예수님의 이야기를 막무가내로 말해서는 안 된다. 그들은 아직 들을 준비가 안 되어 있기 때문이다.

가령 한약을 지으러 가면 항상 소화를 잘하는지부터 확인한다. 만약 소화가 잘되지 않아 설사를 자주 한다고 하면 우선 소화 기능을 보강해주는 약부터 지어준다. 이유는 간단하다. 소화되지 않는 약은 먹어도 소용이 없기 때문이다. 먼저 몸이 영양분을 잘 흡수할 수 있도록 하는 것이 중요하다.

안타깝게도 세상 사람들은 교회에 대해 그다지 호의적이지 않다. 교회를 다니는 크리스천들에 대해 부정적인 이미지를 갖고 있거나 교회 이야기, 종교 이야기 자체를 불편하게 생각하는 사람들도 있다.

복음을 전하는 것은 가나안 전쟁처럼 상대방을 멸절하고 정복하는 것과 다르다. 구원은 사람의 설득력 있는 말로 되는 것이 아니라 하나님의 주권적인 역사라는 사실을 기억해야 한다. 우리는 복음을 전할 때 먼저 그들이 어떤 상황에 놓여 있는지를 살펴야 한다. 공감하고 소통해야 한다. 그들의 이야기를 먼저 들어야 한다.

많은 크리스천이 세상과 소통하는 방식을 잊어버리고 있다. 교회 밖의 이야기는 다 악하다는 식으로 사고하는 이들도 많다. 아무 말 말고 내가 말하는 예수를 믿기만 하면 된다는 식으로 강요한다. 신앙에 대해서 반발하면 그 마음을 헤아리지 않고 "예수 천국! 불신 지옥!"을 외친다.

나의 이야기와 예수님의 이야기가 세상 사람들에게 구원의 이야기로 들리기 위해서는 세상의 문화를 이해하는 것과 복음 밖의 사람들에 대한 공감과 포용하는 마음이 필요하다. 하나님이 그러셨던 것처럼 말이다. 하나님은 복음이 우리 모두의 이야기가 되길 원하신다. 하나님이 세상을 이처럼 사랑하신 그 사랑이 우리에게도 필요하다.

> 하나님이 세상을 이처럼 사랑하사 독생자를 주셨으니 이는 그를 믿는 자마다 멸망하지 않고 영생을 얻게 하려 하심이라 하나님이 그 아들을 세상에 보내신 것은 세상을 심판하려 하심이 아니요 그로 말미암아 세상이 구원을 받게 하려 하심이라(요 3:16-17).

나의 이야기를 시작하면서
우리가 우선적으로 해야 하는 것은
내 안에 잘못된 신앙이 있는지 살피고 그것을 바로잡는 일이다.
나도 모르는 사이에 왜곡된 신앙의 모습이 형성되어 있다면
그것부터 버리는 일이 우선이다.
상한 음식을 버리지 않고는 새로운 음식을 담을 수 없기 때문이다.
새 술을 새 부대에 담는 심정으로 우리의 모습을 뒤돌아보고
버릴 것은 버려야 한다.

PART. 2

나의 이야기
(My Story)

01

교회 안에 들어온 집착증

'이야기로 본 인대인 삶 바꾸기' 훈련을 위해서는 먼저 현실에 대한 문제의식이 전제되어야 한다. 문제의식을 가져야만 대안을 찾으려는 몸부림이 나올 수 있기 때문이다. 아무런 문제의식 없이 행하는 훈련은 그저 또 다른 비만 성도를 양산할 뿐이다.

오늘날 많은 교회가 심각한 집착증에 빠져 있는 것 같다. 더 큰 문제는 그 집착이 매우 비본질적이고 비성경적이라는 데 있다. 진짜 꼭 붙잡아야 하는 튼튼한 동아줄은 방치하고, 붙잡으면 안 되는 썩은 동아줄을 붙잡고 있지는 않은지 점검해야 한다.

시험지에 답을 많이 적었다 하더라도 출제 의도와 무관한 답만 가득하다면 성적은 당연히 F학점이다. 열심히 많이 적었다고 좋은 학점을 기대할 수는 없다. 우리를 에클레시아, 곧 교회로 부르신 하나님은 분명한 목적을 갖고 계셨다. 수많은 일을 완수했더라도 하나님이 원하시는 '바로 그 일'을 하지 않으면 청지기로

서 우리의 성적은 F학점이다.

> 병사로 복무하는 자는 자기 생활에 얽매이는 자가 하나도 없나니 **이는 병사로 모집한 자를 기쁘게 하려 함**이라(딤후 2:4).

> **이 복음을 위하여** 그의 능력이 역사하시는 대로 내게 주신 하나님의 은혜의 선물을 따라 **내가 일꾼이 되었노라**(엡 3:7).

우리는 자기 생활에 얽매어서 하나님을 슬프게 하고 있지는 않은지, 복음과 무관한 일꾼으로 살아가고 있지는 않은지 점검해야 한다. 심각한 집착증을 살펴보고 어떤 해독제가 필요한지 알아보겠다.

1. 과거의 방식과 사고에 집착

"고민 없이 하던 대로 해, 가던 대로 가, 그냥 시키는 대로 해"

"네트워크의 힘은 '동종 교배'를 통한 순수 DNA의 보급보다는 오히려 '이종 교배'를 통한 변종과 잡종의 역동적 가능성에서 나온다. 하나의 단일 브랜드를 자랑스럽게 내세우며 여기저기 자신들의 복사품을 이식하는 '교회 개척'보다 파송된 곳에서 필요한 사역을 독특하게 수행하고 있는 지역 교회들이 공동의 비전과 고백을 공유하며 협력하는 수평적 네트워크는 언제나 상상력을 자극하고 제3의 가능성을 태동시킨다."

_『지역공동체와 함께 하는 교회의 새로운 도전들』, 성석환

요 근래 읽은 글 중에서 참 도전이 된 내용이다. 전통이 폐단이 되는 것은 한순간이다. 전통은 원래의 의도와 정신을 잘 붙잡고 있으면 아름다운 유산이 된다. 그러나 원래의 의도와는 전혀 상관없이 흔적으로만 남아 있으면 폐단이다.

유대교에는 율법에 대한 해설서인 『미쉬나』가 있다. 누가 해설을 했을까? 유대교 지도자들이다. 사람이 율법에 해설을 덧붙인 일종의 주석서다. 율법을 더 잘 이해하고 지키도록 만든 책이다. 분명 책을 만들 때의 목적은 율법을 더 잘 지키게 하려는 것이었지만 점점 율법에 군더더기가 많아졌다. 그러다가 오히려 율법의 정신 자체가 왜곡되어버렸다.

예수님은 율법의 정신을 잃어버린 채 사람들이 추가하고 각색한 계명들에 대해서 질책하셨다. 예수님의 산상수훈이 대표적인 예다. 예수님은 과거의 방식이 잘못되었다고 분명히 말씀하셨

다. 산상수훈을 보면 "너희가 옛 선조들에게는 이렇게 들었는지 몰라도 나는 이렇게 말한다"라는 문장이 반복된다. 왜곡된 율법과 바른 율법의 의미를 재해석해주신 것이다.

또한 예수님은 의도적으로 유대인들이 중요하게 여기는 안식일에 기적을 행하시곤 했다. 유대인들은 그 일로 예수님을 공격했다. 『미쉬나』에는 안식일에 하면 안 되는 일이 39가지 나열되어 있다고 한다. 사실 생명에 위협이 되는 일을 막기 위해서라면 안식일에 일을 해도 된다고 『미쉬나』는 허용한다.

그러나 예수님이 손 마른 사람을 고치신 일에 대해서 공격을 받으신 이유는 생명이 위협당하는 위급한 상황이 아니었기 때문이다. '사람을 유익하게 하고 고통받는 자를 회복시킨다'는 율법의 정신은 온데간데없이 사람이 만들어놓은 문자 속에 갇힌 유대인들의 상황을 볼 수 있는 대목이다.

이제 시간과 장소를 돌려 우리의 모습을 보자. 산상수훈을 읽고 설교를 들으면서는 분명히 과거의 잘못된 방식을 따르던 유대인들의 모습을 봤다. 그런데 안타깝게도 그 당시 유대인들의 모습이 실은 오늘날 한국 교회의 목회자와 성도들의 모습이다.

한국 땅에 복음이 처음 전파되고 교회가 세워졌을 때 우리의 신앙 선배들은 열심히 기도했고 하나님의 말씀을 사랑했다. 추운 겨울에도 갓난아이를 등에 업고 새벽부터 예배당에 모여 말씀을 들고 기도하던 민족이다. 산에 올라가서 나무를 붙잡고 등에 눈이 쌓이는 것도 모른 채 밤새 기도하던 민족이다.

산업화 시대에는 성도들이 자신의 물질을 하나님께 기꺼이 드림으로써 아름다운 교회 건축을 이뤄내기도 했다. 뿐만 아니라 의료와 교육, 그리고 사회 곳곳에 기독교 정신이 퍼져 나갔다.

교회 곳곳에서는 청년 대학생들을 중심으로 성경공부 모임이 불길처럼 확산되었고, 선교사로 헌신하는 열정적인 청년들이 많이 배출되었다. 제자훈련을 비롯해서 수많은 교회 프로그램이 도입되어서 성도들은 풍성한 은혜를 누렸다. 교회로 모이면 행복한 것 같았다. 그리고 행복했다.

그러나 시대가 달라졌다. 포스트모던시대가 이론이 아니라 실제로 찾아왔다. 포스트모던의 특징 중 하나는 해체하고 분석하는 것이다. 예전에는 당연하다고 생각하던 것들을 이제는 의심하고 하나하나 뜯어서 그 안의 실체를 찾기 시작했다. 사람들은 이전에 하던 대로 하는 것에 동의하지 않는 경향이 강해졌다. "왜 이것을 하는가?"를 묻는다.

성도들도 "이것이 꼭 필요하며 성경적인가?"를 묻기 시작했다. 만일 누군가가 "우리는 늘 그렇게 해왔다"라고 답한다면 사람들은 결코 그 답변을 달가워하지 않을 것이다. "왜 교회로 모이라고 하는가?", "왜 목적 헌금을 해야 하는가?", "왜 교회 건물이 필요한가?", "왜 새벽예배를 비롯한 각종 예배가 존재해야 하는가?" 등 수많은 질문이 쏟아지고 있다.

이것은 교회 공동체에 상당히 불편한 도전이 되고 있다. 그러나 이제는 더 이상 "해오던 대로 하는 것이 옳다"는 주장으로는 견디기 힘들 것이다. 불편한 도전이지만 차라리 잘되었다. 이 질문들에 바르게 대응하는 살아 있는 교회들이 드러나게 될 것이고, 도태되는 교회들도 나오리라 예상한다. 대형 교회라고 예외는 아니다. 이런 도전을 통해 진짜 교회, 진짜 신앙이 구별되고 나타날 것이다.

우리는교회는 성탄절을 앞둔 주일에 성탄 주일예배를 드리고 성탄절에는 다른 곳으로 가서 예배를 드린다. 2년 전에는 기독교 세진회(재소자 자녀들을 돕는 단체)와 함께 교도소에 가서 300여 명의 재소자들과 예배를 드렸다. 세진회의 정신을 담은 성경 구절은 "갇힌 자들을 자유케 한다"이다. 예수님은 갇힌 자들을 자유케 하러 오셨다. 따라서 감옥에 갇힌 재소자들과 예배하는 것만큼 성탄의 의미를 잘 살린 예배는 없을 것이다.

같은 맥락에서 지난해 성탄절에는 장년부가 위기 청소년 40여 명이 모여 사는 공동체에 가서 성탄예배를 드렸다. 주일학교 아이들과 부모들은 교회에 모여서 함께 예배를 드리고 다양한 활동을 하며 성탄의 추억을 만들었다.

송구영신예배는 마지막 주일에 드리고, 한 해의 마지막 날에는 새벽부터 새벽기도회를 시작해 한 달간 기도하는 시간을 가진다. 12월 31일의 밤과 1월 1일의 새벽만 의미가 있는 것이 아니다. 12월 31일의 새벽이 밤보다 의미가 적다고 생각하지 않는다. 지금 성탄예배나 송구영신예배가 필요 없다는 무용론을 주장하는 것이 아니다. 우리의 예배가 늘 해왔던 것이기에 똑같이 드려지고 있다면 그 예배는 생명력을 잃은 『미쉬나』의 율법과 다를 바 없다는 의미다.

창의적이고 대안적인 사역들이 필요하다. 사람들을 끌어모으기 위해서 주목받을 만한 '튀는 아이템'을 개발하자는 것이 아니다. 이전의 방식을 멈추고, 오늘 필요한 일을 위해 기도하자는 것이다. 다른 교회의 프로그램이 좋아 보인다고 우리 교회에 맞는 것은 아니다. 우리 공동체에 필요한 것이 무엇인지, 성도 한 사람, 한 사람에게 필요한 것이 무엇인지를 고민하고 기도해야 한다.

확신하건대 성령님은 창조적으로 역사하시는 분이다. 그렇기에 우리는 예배를 드리든, 행사를 진행하든, 양육과 훈련을 하든 먼저 기도해야 한다. "성령님, 오늘 우리에게 필요한 것이 무엇입니까? 무엇을 해야 합니까?" 그런데 우리는 반대일 때가 많다. 우리의 머리에서 나온 계획과 실천 사항들을 회의로 결정하고,

성령님께는 이 회의 결과 안에 들어와 역사해달라고 기도한다.

어느 목사님과 대화하며 나눴던 이야기가 마음에 남아 있다. "하나님과의 친밀함이 없어지면 과거의 기억으로 사역을 하지만, 하나님과 친밀할 때는 상상력으로 사역하게 된다." 나는 이 말에 전적으로 동의한다. 성령님은 우리에게 가장 필요한 것을 아시고, 하나님의 뜻을 전달하시는 교통의 영이시다. 그분은 우리의 생각과 계획을 뛰어넘는 영의 일을 생각하게 하시는 분이다.

지금 많은 교회가 과거의 기억에 사로잡혀 있는 듯하다. 늘 해왔던 것에 집착한다. 그것은 역설적이게도 하나님과의 친밀함을 상실한 결과라고 할 수 있다. 성령님의 역사 없이도 충분히 모든 것을 할 수 있는 교회가 되어버린 것은 참으로 마음 아픈 현실이다.

멈춰야만 새로운 방향을 찾을 수 있다

리셋이 필요하다. 리부트가 필요하다. 멈춤이 필요하다. 과거의 방식을 멈추지 않는다면 다시 시작할 수 없다. 다시 시작할 수 없다면 점점 그 방식은 의미와 생명력을 상실하게 될 것이다.

많은 교회가 문제의식을 갖고 있다. 그러나 늘 지금의 상황을 유지한 채 대안이나 해법을 찾으려고 한다. 멈추고 다시 시작하라고 하면 급진적이라면서 꺼린다. 멈추면 교회에 큰 문제가 생길 것이라고 생각한다. 그러나 멈추지 않으면 더 큰 문제에 봉착

할 것이 너무나도 명확하다. 요 근래 자주 듣는 말은 "한국 교회는 난파선이다. 선장을 교체한다고 문제를 해결할 수는 없다. 난파선을 떠나야 산다. 시급히 구조선을 띄워야 한다"이다.

기울어가는 난파선인데 그 안에 있는 것이 안전하다고 생각하고 있지는 않은가? 바닷물에 빠지지 않으려고 점점 더 난파선 깊숙한 곳으로 숨어들어가고 있지는 않은가?

집에 불이 나면 아이들은 밖으로 나갈 생각을 하지 못하고 침대 밑이나 장롱 속으로 들어간다고 한다. 결국 안타까운 결과를 낳는다. 밖보다 안이 항상 안전한 것은 아니다. 교회 안으로 더 깊이 들어가서 이전의 방식에 집착하며 산다면 안으로 들어갈수록 빠져나올 수 없는 위험에 노출될 수밖에 없다.

교회 안은 거룩하고 교회 밖은 더럽다?

교회의 사역이나 프로그램만 과거에 고착된 것이 아니다. 사고하는 방식도 굳어져 있다. 특히 이분법적인 사고는 고질병이다. 교회 안은 거룩하고 교회 밖은 더럽다고 생각한다. 자녀를 키울 때 교회를 다니지 않는 친구와는 교제하지 않도록 막아주는 것이 신앙 좋은 부모의 역할이라고 생각한다. 신앙이 없다는 이유만으로 교제할 자격이 없는 존재가 된 것이다. 일반 학교를 보내면 아이들이 죄에 물들기 때문에 대안 학교를 보낸다고도 한다.

이런 논리를 신앙 없는 사람들이 듣는다면 아마 기가 막힐 것이다. 앞으로 평생 교회에 갈 마음이 생기기 어려울 정도로 상처를 크게 입을 것이다. 그러나 성도들은 이런 이분법적인 생각을 자랑스럽게 이야기하는 것을 주저하지 않는다. 도리어 이러한 사고방식이 좋은 신앙이라고 착각한다.

또 다른 경우도 있다. 주중에 교회에 나와서 예배해야 하는 이유에 대해, 그 시간에 교회 밖에 있으면 드라마를 보며 시간을 허비하면서 죄나 짓기 때문이라는 식으로 말하는 것이다. 교회 안에 있어야 안전하고 교회 밖은 위험하다는, 전형적인 이분법적 사고다.

1-2년간 집중적인 시간을 들여야 하는 제자훈련에도 이런 논리는 적용된다. 교재를 예습하고, 경건 서적을 읽고, 매일 주어진 분량의 성경을 읽고, 매일 큐티를 하고 기도하기 위해서는 상당히 많은 시간이 필요하다. 그 시간을 확보하지 못하면 훈련을 받을 수 없다. 심지어는 그 시간을 희생하는 것이 신앙이라고 생각하기도 한다. 직장과 사업보다 제자훈련이 더 중요하다는 점을 은연중에 비치는 것이다.

제자훈련을 위해 1년을 희생할 수 없다면 조금 열등한 성도일 수밖에 없다. 제자훈련을 받을 수 없다면 교회의 리더도 될 수 없다. 교회 안에서 신뢰할 수 있는 신앙인으로서 평가받을 수 없다. 제자훈련을 받은 성도와 받지 못한 성도 사이에 차별이 엄연히 존재하는 것이다.

과연 제자훈련을 제대로 받으려면 1-2년에 걸친, 과도한 시간을 확보해야 한다는 규칙은 어떻게 나온 것일까? 누가 만든 것일까? 왜 그렇게 했을까? 지금도 그 방식은 유효한가? 왜 계속 그 방식을 고수하는 것일까? 혹시 오랫동안 그렇게 해왔기 때문은 아닌가?

일방통행 길에서는 누구와도 마주칠 수 없다

과거 방식과 사고에 대한 집착증은 교회의 오랜 고질병이다. 건강한 전통이라기보다 폐단이 되고 있는 양상이다. 교회는 만남의 장으로서의 기능을 상실한 지 오래되었다. 교회는 "우리가 지금까지 해온 방식을 너희는 받아들이면 된다"는 식의 일방통행으로는 구원의 방주 역할을 할 수 없다.

이런 이분화가 오히려 신성 모독이라는 사실을 기억해야 한다. 하나님이 선과 악으로만 사람을 보신다고 생각하는 것이 바로 이분화다. "하나님은 긍휼과 인자가 크신 분"이라는 말씀에는 하나님이 사람의 상황과 입장을 충분히 세밀하게 고려하신다는 의미가 내포되어 있다. 이분화는 하나님의 시각이 아니다. 하나님은 머리카락까지 세시는 세심한 분이시며, 인류의 수만큼 다양한 시각으로 한 사람, 한 사람을 다루신다.

사도 바울은 "여러 사람에게 여러 모습이 된 것은 아무쪼록 몇 사람이라도 구원하고자 함"(고전 9:22)이라고 말했다. 초대 교회는 다양한 부류의 사람들이 모였던 공동체다. 복음은 모든 사람을 위한 소식이다. 복음은 모든 사람을 포용할 수 있는 깊고 넓은 바다와 같다. 복음에서 예외되어야 할 사람은 단 한 명도 없다.

폴란드 출신의 사회학자 지그문트 바우만은 현대 사회를 "액체 근대"로 설명했다. 고체처럼 정형화된 예측 가능한 사회가 아니라 어디로 흘러갈지 모르는, 예측 불가능한 유동적 사회라는 것이다. 이전에 내가 답이라고 생각했던 것이 이제는 오답일 수 있다는 것이다. 그러므로 우리는 복음의 물결에, 하나님의 인도하심에 나의 사고를 맡겨야 한다.

교회는 구원받은 자들의 보호소가 아니다. 교회는 구원받아야 할 자들을 복음으로 초청해 하나님과의 만남을 주선하는 다리가 되어야 한다. 초청받아 오는 사람들은 액체 사회를 살아가는 사람들이다. 이분법적인 전근대적 사고는 복음적인 사고방식이 아닐뿐더러 이 시대에 오히려 다툼과 차별을 불러일으킬 위험이 있다.

2. 복음의 부스러기에 집착

"아버지는 중요하지 않아. 용돈만 많이 받으면 돼"

한국 교회의 민낯을 적나라하게 마주한다는 것은 참으로 마음이 무거운 일이다. 그럼에도 실체를 알아야 대안을 떠올릴 수 있다는 측면에서 소망을 가져본다.

한국은 급격한 경제 성장과 더불어 급격한 교회 성장을 이뤘다. 그러나 돌아보면 안타깝게도 교회의 급격한 부흥은 부메랑이 되어 돌아왔다. 급격하다는 것은 단계를 건너뛰었다는 이야기다. 모든 것이 그러하듯, 하나씩 쌓아올리지 않으면 쉽게 무너진다.

급성장을 하나님의 은혜로만 생각하기에는 부작용이 너무 크다. 어떤 목회자들은 교회의 수적인 성장이 하나님의 은혜라고 말하면서, 최근 교회가 성장하지 못하는 이유는 한국 교회의 죄악 때문이라는 식으로 말하기도 한다. 전형적인 이분법적 논리다. 환경이나 시대 변화의 흐름을 반영하지 못하는 사고다.

오히려 급성장으로 인한 누수가 생겼는지 점검하는 것이 바른 태도라고 생각한다. 과연 우리는 성경이 말하는 바로 '그 복음'을 가졌는가? 우리의 신앙은 무엇을 목적으로 하는가? 하나님이 바라시는 교회로 존재하는가?

팀 켈러는 "복음은 복음의 결과가 아니다"라고 말했다. 많은 사람이 복음을 복음의 결과와 혼동하고 있다는 것이다. 앞서 언급했듯이, 교회 공동체 안에 '오전도 성도'들이 많은 것도 같은 까닭이라고 생각한다.

우리의 믿음은 '십자가에서 피 흘려 죽으시고 부활하신 예수 그리스도의 공로로 말미암아 죄 사함을 얻고 구원에 이른다'는 진리를 믿는 것이다. 이 믿음만으로 우리는 구원받는다. 그래서 놀랍고 기쁜 소식, 바로 '복음'이라고 말한다.

복음만큼 인간에게 가장 큰 사건은 없다. 우리의 존재 자체가 변화되는 사건이요, 하나님을 아버지로 부르는 그분의 자녀가 되고 영생을 소유하는 일생일대의 결정적인 사건이다. 예수를 그리스도로 믿는 모든 성도는 이미 복된 존재다. 복된 존재가 되기 위해 또 다른 조건을 갖출 필요가 없다. 하나님은 다른 조건을 요구하시지 않는다. 예수 그리스도를 믿는 믿음 하나로 충분하기 때문이다.

믿음만으로는 부족하다?

그러나 문제는 대부분의 성도들이 예수 그리스도를 믿는 믿음만으로는 부족하다고 느끼는 것이다. 우리에게 주어진 은혜만으로 충분하다고 생각하지 못한다. 뭔가 더해야 한다고 생각한다.

더하면 더 받을 수 있다고 여긴다. 천국이야 나중에 죽어서 가는 곳이니, 이 땅에 발을 딛고 사는 현실의 삶에서는 하나님의 도우심을 얻기 위해 다른 믿음을 갖춰야 한다고 여긴다. 십자가가 충분한 사랑의 증거인데도 그들은 하나님이 자신을 사랑하신다는 근거를 십자가 밖에서 찾는다. 십자가의 사랑이 너무 막연해서 현실에 도움이 안 된다고 생각한다. 지금 내게 필요한 도움은 풍부한 물질, 더 나은 집과 자동차, 자녀들의 입시 성공 등이다. 가족들 모두가 아프지 않고 건강해야 한다. 이 모두가 이뤄질 때 비로소 하나님이 자신을 사랑하신다고 여긴다.

불신자들을 전도할 때 교회에 가야 하는 이유를 설명하는 단골 멘트가 있다. "예수님을 믿으면 문제가 해결될 것입니다." 교회 가는 목적은 문제를 해결하기 위해서이고, 예수님은 문제를 해결해주는 능력자이시라는 것이다. 그러면 불신자들은 문제가 해결될 것을 기대하면서 교회로 달려간다. 그러다가 문제가 해결될 기미가 보이지 않으면 교회에 갈 이유를 잃어버리고 떠나간다. 복음을 오해한 부작용의 결과다.

이와 반대로, 실제로 현실의 문제가 해결되는 경우 또 다른 부작용이 발생한다. 문제를 해결받은 사람은 교회를 다니고 있는 한 앞으로 인생 속에서 만날 수많은 문제도 죽 해결될 것이라 기대한다. 언제 터질지 모르는 시한폭탄 성도가 되는 것이다. 아마도 그는 이전과 다르게 현실의 문제들이 해결되지 않으면 폭발할 것이다. "아니, 도대체 왜 하나님이 이 문제를 해결해주시지 않을까? 나를 더 이상 사랑하시지 않나봐. 아무래도 이런 하나님은 믿을 수 없겠어. 내 문제를 해결해줄 다른 신을 찾아봐야겠어"라고 말하면서 말이다. 그러고는 교회를 떠난다.

예수님이 공생애 3년 동안 사역하시며 누누이 강조하셨던 것이 무엇인가? 그분은 누가복음에서 제자로서의 삶의 진수를 다음과 같이 말씀하셨다.

> 수많은 무리가 함께 갈새 예수께서 돌이키사 이르시되 무릇 내게 오는 자가 자기 부모와 처자와 형제와 자매와 더욱이 자기 목숨까지 미워하지 아니하면 능히 내 제자가 되지 못하고 누구든지 자기 십자가를 지고 나를 따르지 않는 자도 능히 내 제자가 되지 못하리라(눅 14:25-27).

당시 예수님은 사람들에게 인기가 많은 유명인이셨다. 병을 고치고, 먹을 것을 주고, 기적을 행하는 분으로 많은 사람에게 알려지신 분이었다. 예수님이 가시는 곳마다 사람들이 몰려들었다. 25절은 예수님이 자신을 따라오는 수많은 무리를 돌아보며 하신 말씀이다. 사실 내용을 보면, 무리에게 돌아가라고 말씀하시는 것 같다. 왜냐하면 예수님을 진짜 따르는 길은 불가능해 보이기까지 하기 때문이다. 가족을 다 버리고 목숨도 버릴 각오로 십자가라는 고통스러운 형벌을 져야 하기 때문이다. 지금 예수님은 병이 낫는 등의 기적을 바라고 자신을 따르는 무리를 향해 일침을 가하신 것이다.

바로 지금의 교회를 향해, 성도들을 향해 하시는 말씀처럼 들린다. 예수님을 믿고 예수님의 제자가 되는 길을 선택하는 것이 신앙인데, 많은 사람이 예수님과 그분이 걸어오신 길에 들어서기보다 그분이 행하셨던 기적에 너무 몰두하고 있는 듯하다. 신앙이 현실의 문제를 해결하는 수단이 되어버렸다.

예수님을 열심히 따르는 것도 마찬가지다. 예수님 자체를 주목하는 것이 아니라, 예수님의 치유와 기적 같은 문제 해결을 기대하며 따라가고 있다. 예수님과 눈을 마주하고 그분의 말씀을 듣고 그분이 원하시는 하나님 나라를 추구하기보다 땅바닥만 보고 혹시 내가 주워먹을 부스러기는 없는지 살피는 형국이다. 세상 사람들과 다름없이 이 땅을 바라보며 살아가는 '오전도 성도'들인 것이다.

예수님은 그분의 제자로서 사는 삶이 결코 쉬운 길이 아니라고 말씀하셨다. 그리고 먹기 위해서, 혹은 치유받기 위해서 온 많은 무리와 제자들을 구분하셨다. '복음'과 '복음의 결과'는 엄연히 다른 것이다. 다시 말해서 예수님을 믿는 것은 그분이 주시는 혜택을 믿는 것과 다르다.

그러나 우리가 신앙생활을 하면서 여전히 바라고 기도하는 것은 그토록 우상이라고 주장하는 물질이고, 명예이고, 인맥이다. 하나님을 통해서 얻고자 하는 것 자체가 우상이 되어버린다. 복음이 왜곡되니 신앙 전반에 문제가 발생한다. 복음의 결과로 내 손에 쥐어지는 결과물에 집착한다.

복음을 제대로 이해하지 못하면 교회에 다니긴 하지만 타 종교인과 다를 바 없는 종교인이 된다. 타 종교의 핵심 논리는 '내가 열심히 신을 섬기면 신이 내게 복으로 되갚아준다'는 것이다. 내가 어떻게 공로를 쌓느냐에 따라 내게 주어지는 복의 크기도 달라진다. 그래서 새벽마다 정화수 한 사발을 떠다놓고 빌거나 때로는 깨달음을 통해 비범한 존재가 되려고 노력한다. 내가 어떤 노력을 쏟았는지에 따라 결과가 주어진다는 믿음 때문이다. 기독교가 이처럼 표층 종교의 일부가 되고, 성도들이 종교인이 된다면 이와 같은 모습으로 종교 활동을 하게 될 것이다.

안타깝게도 기독교가 점점 표층 종교로 변질되는 상황이 실제로 일어나고 있다. 많은 성도가 이미 받은 복음의 소식에는 관심이 없다. 복음을 그저 교회에 등록할 때 입문 과정에서 듣는 신앙의 기초 정도로 치부한다. '이제 복음은 들었으니 앞으로는 내가 열심히 하나님을 만족시켜서 복을 얻겠다'는 방식으로 신앙에 접근한다. 철저하게 종교인의 방식이다. 인과응보에 기초한 종교적 방식이다.

열심히 했는데도 원하는 결과가 주어지지 않으면 신앙을 떠나든지, 반대로 더 열심히 공로를 쌓는다. 더 열심히 종교 활동에 매달리는 것이다. 복음의 능력을 믿고 예수님을 믿는 것이 아니라 인과응보를 믿는 잘못된 믿음에 근거한 신앙이다.

복음은 이미 복을 받았다는 선포다

복음은 다르다. 인과응보로 설명할 수 없다. 인과응보를 초월한다. 예수님이 이 땅에 오실 때 우리의 모습은 어떠했는가? 하나님과 원수였고 죄인이었다. 인과응보대로 하자면 벌을 받아야 했다.

그러나 하나님은 자신과 원수 된 죄인을 위해서 아들 하나님이신 예수님을 이 땅에 내려보내셨다. 예수님은 인간의 형체를 입고 오셔서 인간 중에서 죄인의 모습으로 십자가에 달리셨다. 그리고 온 인류의 죄에 대한 대가를 지불하셨다.

기독교는 인과응보에 근거한 종교가 아니다. 기독교는 인과응보를 초월하는 진리이고 사랑이다. 기독교는 좋은 결과를 추구하는 종교가 아니라 복음 자체를 강조한다. 예수님을 믿고 잘되자는 것이 아니라 예수님으로 말미암아 이미 잘되었음을 믿는 것이다. 내가 잘해서 하나님께 사랑을 얻어내는 것이 아니라 하나님이 먼저 우리를 사랑하셨기에 우리가 이미 사랑받는 존재가 되었음을 믿는 것이다.

신년이 시작될 때마다 성경 일독을 시작하고 특별 새벽기도회에 나가 기도의 공을 들이는 일이 내 공로를 쌓기 위한 종교 활동이라면 그것은 복음에 근거한 신앙과 거리가 있다. 우리는 복음의 결과로 주어지는 부스러기에 집착하지 말고 이 세상이 줄 수 없는 큰 은혜, 바로 복음 자체를 소유하고 살아가야 한다.

신년이 되면 많이 읽는 성경 구절 중 하나가 시편 1편이다. 이와 비슷한 맥락이 시편 119편에도 기록되어 있다. 시편 1편 1-2절은 다음과 같이 말한다.

> 복 있는 사람은 악인들의 꾀를 따르지 아니하며 죄인들의 길에 서지 아니하며 오만한 자들의 자리에 앉지 아니하고 오직 여호와의 율법을 즐거워하여 그의 율법을 주야로 묵상하는도다(시 1:1-2).

여기서 '복이 있다'는 말의 히브리어 어원은 '아쉐레'다. 이 말은 하나님께 간구해서 얻는 복인 '바락'과 다른 단어다. '아쉐레'는 하나님과의 관계가 회복됨으로써 이미 복된 존재가 되었음을 인정하고 선포하는 이미지의 단어다. 더 나아가 복된 존재로서 주변 사람들에게 그 복을 전함으로써 이웃 역시 복된 존재임을 알린다는 의미다.

'바락'이 하나님과의 수직적 상태를 말한다면, '아쉬레'는 인간 관계 안에서의 수평적인 상태를 가리키는 용어다. 시편 1편은 '복을 받고 싶은 사람'에게 복을 받기 위한 조건을 말하는 것이 아니라 '이미 복을 받은 사람'에 대해서 설명한 것이다.

그럼에도 종교화된 성도들은 "신년에 하나님께 복을 받으려면 시편 1편 1-2절대로 살아야 한다"는 식으로 말씀을 해석한다. 이것은 예수 그리스도로 말미암아 하나님의 자녀가 된 성도로서의 해석이 아니다.

복음은 율법을 초월해 주어진 은혜다. 그 은혜를 근거로 우리는 하나님과 완전히 회복된 관계를 갖게 되었다. 예수님이 십자가에서 죽으심으로써 지성소의 휘장이 찢어졌고 우리는 하나님께 나아갈 자격을 얻었다. 하나님께 나아갈 담대함을 얻었다.

심지어 성령님은 복음 안에 있는 우리에게 하나님을 "아빠 아버지"로 부르게 하신다. 우리는 이미 넘치는 복을 받은 복된 존재다. '아쉬레', 즉 "나는 행복하도다"라고 선포하기에 조금도 부족함이 없는 존재인 것이다. 그럼에도 불구하고 시편 1편을 보면서 인과응보부터 떠올리는, 종교적이고 율법적인 사고의 틀에 갇혀 있는 것이 많은 크리스천의 현실이다.

복을 받기 위해 죄에서 멀어지고 말씀대로 살아야 하는 것이 아니다. 우리는 복을 받았기 때문에 죄에서 멀어지고 말씀대로 살아야 하는 것이다. 이 단순한 영적 원리를 다시금 확인해야 한다. 이미 받은 가장 큰 복인 복음 자체를 기뻐할 수 있어야 한다.

3. 보여주기에 집착

교회 건물을 멋지게 보여주기

초대 교회는 건물에서 시작된 것이 아니다. 우리는 초대 교회를 이야기할 때 어떤 건물도 떠올릴 수 없다. 교회가 건물로 존재하지 않았기 때문이다. 사도행전은 초대 교회를 오순절 이후 성령으로 충만해진 성도들과 그들의 삶으로 묘사한다.

성경은 건물이 얼마나 화려하게 지어졌고, 얼마나 많은 사람이 모였는지에는 별 관심이 없다. 초대 교회는 성령을 따라 살아가는 성도들의 삶 자체이지, 건물 규모로 설명될 수 없다. 오히려 예수님은 3일 만에 구약의 성전을 허무시고, 십자가에서 죽은 후 부활하심으로써 그분 스스로 새로운 성전이 되셨다. 예수 그리스도를 머리로 하는 곳이 교회다. 그래서 교회는 예수님을 머리로 삼는 몸이다. 이것이 성경이 말하는 교회다.

여전히 많은 크리스천이 교회를 건물로 보는 시각에 갇혀서 구약적 사고를 한다. 구약의 성전이 교회이고, 구약의 대제사장이 목사라고 여기는 프레임으로는 수많은 교회에서 벌어지는 문제를 해결할 수 없다.

우리의 아름다운 지체는 그럴 필요가 없느니라 오직 하나님이 몸을 고르게 하여 부족한 지체에게 귀중함을 더하사 몸 가운데서 분쟁이 없고 오직 여러 지체가 서로 같이 돌보게 하셨느니라 만일 한 지체가 고통을 받으면 모든 지체가 함께 고통을 받고 한 지체가 영광을 얻으면 모든 지체가 함께 즐거워하느니라 너희는 그리스도의 몸이요 지체의 각 부분이라(고전 12:24-27).

교회는 차가운 벽돌이 아니다. 차가운 벽돌은 아무리 화려하고 높이 솟은 웅장함을 갖고 있어도 그저 생명력 없는 돌덩어리일 뿐이다. 교회는 생명이다. 예수님의 보혈의 온기가 흐르는 따뜻한 유기체다. 성도들은 예수님의 몸 곳곳에서 그 역할을 감당하는 지체들이다. 머리이신 예수님이 보내시는 신호를 받아 내가 서 있는 곳에서 해야 할 일을 한다. 그래서 이 말씀에 '서로'와 '함께'라는 관계적 용어가 쓰인 것이다. 돌덩어리 건물이 아니라 바로 너와 나, 그리고 우리가 교회다.

그런데 "모이기에 힘쓰라"라는 구절 하나로 교회에 모이는 일에 힘쓰라고 말하는 것은 결국 교회를 건물로 보는 프레임에서 벗어나지 못한 논리다. 예수님이 교회 건물 안에 살고 계시다는 것인가? 교회 밖은 예수님이 계시지 않는 악마의 소굴이기에 매우 위험하며, 그래서 교회에 모이기를 힘쓰라는 논리는 전혀 성경적이지 않다.

예수님은 교회 건물을 세우기 위해 돌아가신 것이 아니라, 사람들에게 생명을 주기 위해 십자가를 지셨다. 성도 한 사람, 한 사람을 성령님이 거하시는 성전으로 세우기 위해 구약의 성전을 허물고 친히 성전이 되어주신 것이다. 다들 입으로는 교회가 건물이 아니라고 말하지만 현실 속에서는 믿지 않는 듯하다. 이런 현상은 결국 목회자의 불안에서 비롯되었다고 볼 수 있다. 또한 보이는 평가에 예민한 정서도 한몫을 했다고 본다.

목회자 중심의 사고방식

몇 달간 수요예배를 방학하고 새로운 마음으로 다시 시작했을 때의 일이다. 무슨 일인지 성도들이 한 명도 나오지 않았다. 몇 명의 교역자만 참석해서 함께 예배를 드렸다. 모든 교역자의 마음이 불편해졌다. 성도들이 오지 않았기 때문이다. 성도들이 안왔다고 하나님의 임재가 없는 것은 아닌데 왜 교역자들의 마음이 불편해졌을까?

부교역자들이 질문을 던졌다. "목사님, 성도들이 안 오는데 예배를 어떻게 해야 할까요?" 내 대답은 매우 단순했다. "목사가 목사 노릇을 하려고 성도를 불러모으는 게 아닌데 성도가 있든 없든 무슨 문제겠습니까? 교역자들이 모여 예배하는 것으로 충분합니다."

안타깝게도 목회자들은 이런 지점에서 실수하는 경우가 많다. 성도들이 모이지 않으면 그때부터 '어떻게 하면 성도들을 오게 할 것인가?'를 놓고 회의에 돌입하는 것이다. 목회는 성도들을 교회로 모으는 방법이 아니다. 목회자들은 자신들이 늘 교회 건물 안에 있다 보니 성도들도 교회 안에 들어와야 안심하는 경향이 있다. 매우 목회자 중심의 사고방식이다. 어쩌면 성도들의 고단한 삶에 대한 이해가 부족한 탓일 수 있다. 목회자들은 성도들이 교회 안에 들어와 종교 행위를 하지 않으면 교회 밖에서 죄를 짓고 있을 것이라는 이분화된 생각을 하고 있는 듯하다.

교회 밖에서 성도들은 또 다른 방식으로 하나님을 만나고 있지 않을까? 목회자의 설교를 통하지 않더라도, 교회에서 이뤄지는 예배를 통하지 않더라도 하나님은 성도들이 살아가는 세상 곳곳에서 역사하시는 분이다.

교회 건물 안에 성도들이 많이 모인다는 것은 무슨 의미인가? 담임목사가 뛰어나다는 의미인가? 교회가 건강하다는 의미인가? 하나님의 역사가 더욱 특별하다는 의미인가? 답은 그럴 수도 있고, 아닐 수도 있다. 다시 말하면, 별 의미가 없다는 뜻이다.

많이 모이든 적게 모이든 숫자에 큰 의미를 두는 것은 그저 인간적인 판단일 뿐이다. 하나님은 사람의 많고 적음에 관심이 없으시다. 오히려 300명에 불과한 기드온의 군사들의 약함을 통해 큰 승리를 이뤄내고 영광을 받으신 분이 우리 하나님이시다. 1만 명으로 승리했다면 숫자의 힘 덕분이라고 볼 수 있지만 300명으로 대승을 거뒀다면 그것은 하나님의 승리라는 것이다.

성경은 늘 영적인 원리를 강조한다. 그러나 보이는 것에 현혹되기 쉬운 우리는 늘 숫자에 집착하는 속물근성을 버리지 못한다.

거울 기도 vs 쇼윈도 기도

특별 새벽기도회나 특별 신년부흥회같이 '특별'이라는 단어가 들어가면 성도들의 마음이 움직인다. 평상시에는 기도하지 않던 성도들도 '특별'이라는 단어가 들어가는 기도회에는 참석한다. 예수님은 365일 쉬지 말고 기도하라고 말씀하셨는데, 굳이 기도하기 위한 특별한 때를 정하는 것도 인간적인 생각일지 모르겠다.

성경에는 특별한 때에 함께 한 특별한 기도가 기록되어 있다.

이스라엘 백성이 미스바에 모여 대각성 집회를 열었던 일이 대표적인 예다. 미스바 기도가 특별했던 이유는 당시가 공동체적으로 특별한 때였기 때문이다.

그러나 우리가 자주 접하는 특별한 기도 시간은 그런 의미가 아니다. 하도 기도를 안 하니까 1년에 한 번이라도 기도해보자는 의미가 강하다. 공동체적인 회개가 있는 것도 아니고, 공동체적으로 특별한 때를 지나기 위한 기도도 아니다.

결국은 특별 기도회라고 날은 정해놓았지만 각자의 간구를 쏟아놓는 시간이다. 게다가 평상시보다 많이 모이는 새벽기도회이니 나름대로 성공했다는 만족감을 줄 수 있을 것이다. 그러나 그 가짜 안도감이 기도의 원리를 점점 약화시킨다.

예수님은 다른 사람들에게 보이지 않는 은밀한 골방에서 기도하라고 강조하셨다. 예수님은 기적을 좇아 그분을 따르는 무리에 둘러싸여 있었지만 한적한 곳으로 장소를 옮겨 홀로 기도하셨다. 예수님은 무리를 모아 특별 기도회를 가지신 적도 없다. 자신의 기도 능력을 드러내려고 무리 중에서 기도하시지도 않았다.

현대 사회를 가리켜 거울은 사라지고 쇼윈도로 대체된 사회라고 한다. 거울은 자기 자신을 비춰보는 성찰의 개념이다. 쇼윈도는 안과 밖이 훤히 보이는 창문이다. 사람들은 쇼윈도 안에 진열된 화려한 상품을 보면서 갖고 싶다는 욕망을 느낀다.

이를 기도에 적용해보면, '거울 기도'는 하나님의 말씀 앞에서 자기 자신을 돌아보는 자기 성찰의 기도라 할 수 있다. 이에 반해 '쇼윈도 기도'는 욕망을 이루고자 하는 저급한 기도다. 게다가 창문을 통해 자기 자신이 드러나기 때문에 얼마나 많은 가식과 위선으로 포장된 기도인지 모른다. 자신을 바라보는 창문 밖 사람들에게 좋게 보이려고 가면을 쓴다.

예수님은 중언부언하는 기도, 사람들에게 보이려는 기도는 하지 말라고 말씀하셨다. 그리고 하나님은 은밀한 곳에 계시니 그곳에서 기도하라고 하셨다. 도대체 왜 특별 기도회가 필요한가? 왜 사람들이 많이 모여야 하는가? 누구를 위한 기도인가? 창문 밖 사람들에게 보이려는 기도가 아니라고 자신 있게 말할 수 있는 사람이 몇이나 될까?

초대 교회로 돌아가라는 말의 의미

> 날마다 마음을 같이하여 성전에 모이기를 힘쓰고 집에서 떡을 떼며 기쁨과 순전한 마음으로 음식을 먹고 하나님을 찬미하며 또 온 백성에게 칭송을 받으니 주께서 구원받는 사람을 날마다 더하게 하시니라(행 2:46-47).

여기서 두 가지 장소가 언급되었다. 집에서 떡을 떼었다는 것은 성찬을 염두에 둔 표현일 수 있다. 가정을 중심으로 이뤄진 예배라고 추측해볼 수 있다. 집에서 예배를 드리고 성찬을 했다면 도대체 성전에는 왜 모였을까? 당시 성전은 예수님을 십자가에 못 박아 죽게 한 유대인들이 모였던 곳이다. 크리스천들이 유대인들과 함께 예배를 드렸다는 의미인가? 아니면 성전 한곳에서 예배를 드렸다는 말일까?

당시 크리스천이 된 이들 중에는 여전히 유대인의 전통을 따라 성전에서 기도하는 사람들이 있었을 것이다. 베드로와 요한도 기도하러 성전으로 갔다. 그러나 단지 모이기 위해서 간 것은 아니었다.

그들은 성전에 기도하러 갔다가 나면서 못 걷게 된 사람을 고치는 기적을 일으켰고, 이를 계기로 복음을 전할 수 있었다. 즉 전도를 했던 것이다. 또한 복음을 전하다 옥에 갇힌 사도들은 주의 사자가 문을 열어준 후 바로 성전에 가서 복음을 전했다.

> 주의 사자가 밤에 옥문을 열고 끌어내어 이르되 가서 성전에 서서 이 생명의 말씀을 다 백성에게 말하라 하매 그들이 듣고 새벽에 성전에 들어가서 가르치더니 (행 5:19-21).

그들이 날마다 성전에 있든지 집에 있든지 예수는 그리스도라고 가르치기와 전도하기를 그치지 아니하니라(행 5:42).

초대 교회 성도들에게 성전은 전도하는 장소였다. 지금처럼 우리끼리 모여서 은혜를 받자는 목적으로만 간 곳이 아니었다. 집에서 예배하고 복음의 기쁨으로 충만했던 성도들은 복음을 전하기 위해 성전으로 갔다. 어찌 보면 역설적이게도, '성전에 모이기 위해 힘썼다'는 말은 '모이는 교회'에 대한 이야기가 아니라 오히려 '흩어지는 교회'에 강조점이 있었다.

그렇게 전도된 사람들은 집으로 초대를 받아 성도의 예배, 곧 성찬과 사랑의 교제에 참여했을 것이다. 종교개혁자 존 칼빈은 사도행전 2장 46절에 기록된 초대 교회의 모습을 이렇게 설명했다.

"우리로 하여금 그들의 모범을 보고서 우리의 삶 속에서 검소한 교제를 나누고, 소박한 삶을 살아가며, 영적인 기쁨을 누리고, 늘 하나님을 찬양하는 법을 배울 수 있도록 하기 위해서 신자들이 개인적으로 어떤 삶을 영위했는지를 들려주고 있는 것이다."

성도들이 늘 교회에만 모이려고 힘쓰며 살아서는 안 된다는 것이다. 교회에 와서는 열심히 기도하고 찬양하고 예배를 드리는데, 집이나 직장에서는 게으르게 일하고 비방을 일삼는다면 그것은 잘못이다. "초대 교회로 돌아가자"는 말의 의미는 숫자 놀음에 빠지지 말고 복음이 주는 기쁨과 열정으로 돌아가자는 뜻이다.

초대 교회는 아무것도 없는 곳에서 성령으로 시작되었다. 시작부터 모든 것을 갖춘 이 시대의 교회는 성령이 필요 없어졌다. 모든 것을 갖추고 성령을 찾으니 성령의 역사를 볼 수 없게 되었다. 성령은 교회를 이끄시는 분이지, 교회의 유지를 도우시는 분이 아님을 우리는 다시금 기억해야 한다.

4. 표층적인 것에 집착

내 손에 필요한 것만 구하는 표면적 신앙에 머물 것인가?

바람이 많이 부는 날 강물을 보면 물결이 이는 모습을 볼 수 있다. 얼핏 보기에는 강물의 흐름 같지만 사실은 다른 경우가 많다. 강물의 깊은 속을 들여다보면 전혀 반대 방향으로 흘러가기도 한다. 바람에 표면의 물만 흔들리는 것이다. 그래서 겉만 보고는 강의 진정한 흐름을 알 수 없다.

종교학에서는 종교를 상하로 구분한다. 즉 겉으로 보이는 '표층'과 보이지 않는 '심층'으로 나눈다. 표층 종교는 한마디로 기복

적이다. 내가 열심히 해서 내가 좋은 결과를 얻을 수 있다고 믿는다. 내가 원하는 결과를 얻어야 하기 때문에 물불을 가리지 않고 최선을 다해 종교 활동에 시간과 물질을 투자한다. 좋은 결과를 얻기 위한 방법을 공식화하기도 한다.

성경을 보면서 하나님의 뜻이나 복음의 정신을 찾으려 하기보다는 자기가 보기에 좋은 성경 구절을 떼어 마치 응답을 위한 약속의 말씀인 양 암기한다. '내게 유익한가, 아닌가'를 기준으로 종교 생활을 하는 것이다. 초대 교회에도 이러한 표층적 종교인들의 모습이 종종 등장했다.

육에 속한 사람은 **하나님의 성령의 일들을 받지 아니하나니** 이는 그것들이 그에게는 어리석게 보임이요, 또 그는 그것들을 알 수도 없나니 그러한 일은 영적으로 분별되기 때문이라(고전 2:14).

그들이 너희에게 말하기를 마지막 때에 자기의 경건하지 않은 정욕대로 행하며 조롱하는 자들이 있으리라 하였나니 이 사람들은 분열을 일으키는 자며 **육에 속한 자며 성령이 없는 자니라** (유 1:18-19).

교회는 다니는데 여전히 육에 속한 사람들이 있다. 그들의 특징은 성령이 계시지 않기 때문에 성령의 일을 생각하지 않는다는 것이다. 하나님이 기뻐하시는 일이 무엇인지에 관심을 두지 않는다. 오로지 자기의 유익만을 구한다.

결국 신앙이 심층으로 내려오기 위해서는 성령의 역사하심이 절대적으로 필요하다. 성령이 임하시면 육에 속한 자와 달리 하나님의 뜻을 알게 된다. 하나님의 뜻을 알기에 그 뜻대로 살아가며 성령의 열매들을 맺어간다.

신앙의 목적은 예수 그리스도로 말미암아 하나님과 회복된 관계 속에서 하나님의 형상대로 새롭게 지어져가는 것이다. 이 땅에서 돈 많이 벌고 편안하게 사는 것이 아니다. 예수님을 믿고 구원받은 우리도 그분이 사셨던 삶으로 부르심을 받았다. 그 부르심에는 고난도 당연히 포함되어 있다.

> 나는 이제 너희를 위하여 받는 괴로움을 기뻐하고 **그리스도의 남은 고난**을 그의 몸된 교회를 위하여 내 육체에 채우노라(골 1:24).

> 그러므로 너는 내가 우리 주를 증언함과 또는 주를 위하여 갇힌 자 된 나를 부끄러워하지 말고 오직 하나님의 능력을 따라 **복음과 함께 고난을 받으라**(딤후 1:8).

성령이 친히 우리의 영과 더불어 우리가 하나님의 자녀인 것을 증언하시나니 자녀이면 또한 상속자 곧 하나님의 상속자요 **그리스도와 함께 한 상속자니 우리가 그와 함께 영광을 받기 위하여 고난도 함께 받아야 할 것**이니라(롬 8:16-17).

이가 아파 기도를 요청한 성도에게 오히려 치통을 더 심하게 느껴서 예수님의 십자가 고통을 조금이라도 이해할 수 있게 해 달라고 기도한 어떤 목사님의 일화는 가슴을 참 뜨겁게 한다. 우리는 한국 교회의 선배였던 고(故) 이세종 목사의 외침에 귀를 기울일 필요가 있다.

"참 진리는 쉽게 납득되는 것이 아니다. 오히려 다른 사람을 의심나게 하는 것이 참 진리다. 진리에 대해 우리 마음에 의심이 나는 까닭은 인간은 감정적 동물이기 때문이다. 사람들은 이 세상에서 편히 살고, 세상의 영광을 누리고, 오래 살고, 부귀하고, 자녀 많이 낳는 것을 축복과 영광이라 생각하는데, 참 진리를 깨달은 사람은 부모처자와 단란하게 사는 것조차 마다하면서 고생을 자처하고 종교 진리를 따른다. 세상 사람들이 볼 때에는 자기들과 정반대의 가치관을 갖고 있으니 의심이 생기는 건 뻔한 사실이다."

"파라, 파라, 깊이 파라. 얕게 파면 너 죽는다. 뿌리도 깊이 팔수록 좁다. 좁은 길이다. 깊이 파고 깊이 깨닫고 깊이 믿으라. 어설프게 파면 의심밖에 나는 것이 없다."

표층과 심층을 구분하는 좋은 기준은 고난이다. 한번 생각해 보자. 겨울에 입시철만 되면 대부분의 교회들은 자녀를 위한 기도회를 연다. 대학수학능력시험이 치러지는 날이면 수십만 명의 학부모가 시험을 치르는 자녀를 위해 기도한다. 기도 제목은 한두 가지로 집중된다. 시험을 잘 보게 해달라는 것과 좋은 대학에 가게 해달라는 것이다.

이런 상상을 해본다. 수십만 명이 똑같은 기도 제목으로 기도할 때 하나님은 도대체 누구의 기도에 응답하실까? 목소리가 더 큰 부모일까? 아니면 더 오래 기도한 부모일까? 더 착한 부모일까? 자녀를 더 사랑하는 부모일까? 교회에서 더 높은 직분을 갖고 섬기는 부모일까? 교회에 더 오래 다닌 부모일까?

대학 입시가 끝나면 그렇게 몰려들었던 수십만 명의 부모가 온데간데없어진다. 시험과 함께 기도도 끝난다. 이런 상황이 한국 교회의 현실이다. 가장 전형적인 표층적 신앙의 모습이다.

'티핑 포인트'(Tipping Point)라는 단어가 있다. 결정적인 변화를 일으키는 시점을 말한다. 성경을 보면 하나님이 역사하신 결정적인 시간들이 있다. 물론 하나님은 주권적으로 일하시는 분이기에, 그분은 주도적으로 티핑 포인트를 만드신다. 그러나 성경에는 기도와 순종을 통해 티핑 포인트를 경험하게 된 인물들의 이야기가 많이 나온다.

> 다니엘이 이 조서에 왕의 도장이 찍힌 것을 알고도 자기 집에 돌아가서는 윗방에 올라가 예루살렘으로 향한 창문을 열고 전에 하던 대로 하루 세 번씩 무릎을 꿇고 기도하며 그의 하나님께 감사하였더라(단 6:10).

하나님의 역사는 늘 하던 대로 하는 중에 일어난다. 문제가 있을 때만 바짝 기도하는 사람이 아니라 늘 꾸준히 기도하는 사람에게 일어난다. 이런 맥락에서 하나님의 티핑 포인트는 간절함이 아니라 꾸준함에서 온다.

어려울 때만 하나님을 찾는 신앙은 사실 불신앙에 가깝다. 이런 말이 있다. "기도하지 않는 것보다 가끔 기도하는 것이 더 나쁘다." 두 마음을 품은 사람이기 때문이다. 고난이 없을 때는 자기만의 방법으로 살아가다가 문제가 생기면 그때 바짝 간절하게 기도하는 사람이다. 이익을 따라 움직이는 것이다. 이것이 바로 전형적인 표층 종교인들의 모습이다.

표층 종교인들은 세상의 방법대로 신앙을 대하기 때문에 상당히 경쟁적이다. 교회 안에서도 성취감을 통해 존재감을 얻으려 한다. 힘과 권력으로 자기의 존재를 드러내는, 지극히 세상적인 방식이다.

예수님은 이 땅에 오실 때 하나님의 힘과 권력으로 오시지 않았다. 지극히 낮은 모습으로 오셨다. 하나님의 본체를 거절하고 인간의 몸을 입으셨다. 마구간에서 아기로 태어나 무명한 시골 동네에서 자라고 활동하셨다. 변방 사람이셨다. 예수님은 죄인들과 더불어 먹고 지내셨으며, 유대인들의 율법에 저항하면서 사셨다. 힘과 권력으로부터 점점 멀어지는 행보를 보이셨다. 그리고 제자들에게도 그렇게 살아가라고 당부하셨다. 예수님은 십자가 죽음을 위해 예루살렘으로 향하는 길에서도 제자들에게 삶의 원리, 즉 겸손과 낮아짐, 희생, 자기부인을 가르치셨다.

지금의 교회를 보면 내면의 성숙보다 외면의 성장에 치우쳐 있다는 느낌을 지울 수 없다. 몇 단계의 양육과 훈련 프로그램을 마치고 나면 우등한 성도가 되었다고 자격증을 주는 형국이다. 목사, 장로, 권사, 안수집사, 서리집사, 일반 성도가 계급처럼 여겨지고 있다. 표층적인 성도들, 표층적 신앙을 양산하는 교회가 되고 있다. 이제 뭔가 바뀔 필요가 있지 않을까?

02

내 증상 파악하기

지금까지 교회 안에 들어온 집착증을 통해 변화로 나아가지 못하게 방해하는 요소들을 살펴보았다. 정리하면 다음과 같다.

첫째, 과거의 방식과 사고에 집착함
둘째, 복음의 부스러기에 집착함
셋째, 보여주기에 집착함
넷째, 표층적인 것에 집착함

이제는 나의 신앙이 어떤 경향을 갖고 있는지 알아보려고 한다. 신앙의 건강 검진처럼, 내가 어떤 방향으로 변화되고 보완되어야 할지를 찾아가는 계기가 되길 바란다.

이 내용은 『이야기로 본 인대인 삶 바꾸기』 교재에서 더 구체적으로 살펴볼 것이다.

나 홀로 신앙

1 | 전혀 아니다 2 | 아니다 3 | 보통이다 4 | 그렇다 5 | 아주 그렇다	
교회에서 누가 말을 걸거나 아는 척을 하면 불편하다.	1 2 3 4 5
교회에 대한 신뢰가 떨어지면서 교회 사람들과 함께하는 것보다 혼자 신앙이 좋다.	1 2 3 4 5
가족이든 교회이든 공동 단위보다 나의 행복한 삶이 제일 중요하다고 생각한다.	1 2 3 4 5
'가나안 성도'(교회에 안 나가는 성도)로 살아가는 것이 훨씬 좋다고 여긴다.	1 2 3 4 5
합계	

수동적 신앙

모든 중요한 일은 목사님과 상의하고 결정한다.	1 2 3 4 5
일주일 내내 거의 교회 모임 중심으로 돌아가고 있다.	1 2 3 4 5
교회가 만든 모든 훈련에 참여하는 시간이 지역에서 생활하는 시간보다 많다.	1 2 3 4 5
신앙과 관련된 봉사는 교회 안에서만 하지 교회 밖에서는 해본 적이 없다.	1 2 3 4 5
합계	

자아 상실 신앙

나는 누구인지, 왜 사는지, 무엇을 위해 부르심을 받았는지 전혀 모른다.	1 2 3 4 5
내가 무엇을 좋아하는지, 어떻게 살고 싶은지, 나의 어떤 면이 가장 자랑스러운지에 대해 관심도 없다.	1 2 3 4 5
하나님이 주신 나만의 독특한 부르심, 아름다운 특징들을 신앙과 연관해서 알지 못한다.	1 2 3 4 5
교회에서 떠먹여주고, 시키고, 동원한 신앙이 내 것이라 생각하고 살아왔다.	1 2 3 4 5
합계	

연습만 하는 신앙

교제권이 교회 안에만 있고 사회 속에는 별로 없다.	1 2 3 4 5
사회 속에서 사람들은 내가 크리스천인 줄 전혀 모른다. 티를 내지 않는다.	1 2 3 4 5
어렵지만 신앙인으로서 친절하고 올바로 살려고 노력한 적이 있다.	1 2 3 4 5
사람들에게 혹시 교회 다니냐는 질문을 받은 적이 없다.	1 2 3 4 5
합계	

무책임한 신앙

교회에서 훈련하고 배우는 것은 좋지만 봉사를 하거나 실천하는 것은 별로다.	1 2 3 4 5
"크리스천인데 왜 그래?"라고 물어볼까봐 티를 내지 않고 조용히 산다.	1 2 3 4 5
굳이 나까지 크리스천이라는 것을 티 내며 사는 것이 싫다.	1 2 3 4 5
교회에서의 내 목소리, 태도, 표정 등은 다른 곳에서의 나와 다르다.	1 2 3 4 5
합계	

비만 신앙

기도할 때 감사할 것보다 간구할 것이 90% 이상 차지한다.	1 2 3 4 5
내가 하나님께 구한 복의 종착지는 나와 가족이다.	1 2 3 4 5
내가 다른 사람들을 위해 하는 것보다 나와 가족을 위한 것이 월등히 많다.	1 2 3 4 5
언제나 배우는 데는 열심이나 다른 사람들의 삶을 위한 봉사는 별로다.	1 2 3 4 5
합계	

입 닫은 신앙(침묵의 복음)

교회로 사람은 데려오지만 영접은 다른 사람에게 맡긴다.	1 2 3 4 5
"복음이 무엇인가?"라고 물어도 딱히 할 말이 없다.	1 2 3 4 5
하나님을 안다고는 하지만 말하라면 정확히 말할 수 없다고 생각한다.	1 2 3 4 5
사람들을 많이 만나지만 신앙에 대해서는 언급하지 않는다.	1 2 3 4 5
합계	

무능력한 신앙

사회 속에서 살아가면서 내가 신앙인으로서 어떻게 행동해야 본이 되는지 모른다.	1 2 3 4 5
사회에서는 세상 사람들의 분위기에 휩쓸려 나의 신앙을 지키지 못하고 항상 그들을 따라가게 된다.	1 2 3 4 5
사회에서는 하나님의 뜻대로 살아가는 사람들을 볼 때 창피하다.	1 2 3 4 5
언제나 결심은 하지만 사회 속에서 신앙을 드러내는 것이 어렵다.	1 2 3 4 5
합계	

때로 나의 실제적인 모습이 나의 생각과 많이 다를 수 있다. 신앙도 군중에 휩쓸려 대충 '이게 맞을 거야' 하며 따라가고 있다면 어쩌면 잘못된 방향으로 가고 있는지 모른다. 무기력하고, 확신이 부족하고, 주도적이지 못하다면 어쩌면 건강하지 못한 신앙인지도 모른다. 무엇을 어디서부터 어떻게 고쳐야 할지 고민하는 시작점이 되길 바란다.

03

집착을 해독하는 인대인

집착은 병이다. 자기 자신에게 익숙하고 편한 방식을 절대로 포기하지 않고 다른 사람의 방식을 거부하는 병이다. 자기 세계만을 고집하는 일종의 강박증이다.

'저장 강박증'이라는 말을 들어본 적이 있을 것이다. 모으기만 하고 버리지 못하는 병이다. 주변 사람들이 쓸모없는 것들이니 버리라고 해도 선뜻 버리지 못한다. 썩어가는 음식, 날짜가 지난 신문, 고장난 자전거 등 어디에도 필요 없는데 버리지를 못한다. 집 내부에 발 디딜 틈 없이 잡동사니가 가득한데도 버리지 못한다.

영적인 집착이나 강박증은 건강하지 않다는 증거다. 인대인은 버려야 할 것을 버리도록 돕는 데 목적이 있다. 필요한 것과 필요하지 않은 것, 중요한 것과 중요하지 않은 것, 바뀌어야 할 것과 바뀌지 말아야 할 것에 대한 구분이 없다면 우리의 영적 상태는 늘 혼란스러울 수밖에 없다. 인대인은 잘못된 집착과 강박 증상에서 벗어나 신앙의 원래 목적을 회복하는 해독제라고 할 수 있다.

인대인은 사람 자체를 중요하게 여긴다

사람이 중요하다는 말에는 모두 동의하리라 생각한다. 어떤 사람들은 매우 당연하게 여길 수도 있다. 그러나 실상은 그렇지 않은 경우가 많다. 사람이 목적이 아니라 수단으로 전락하는 경우가 적지 않은 것이다. 심지어 교회에서도 사람을 어떤 계획이나 목표를 달성하기 위한 수단으로 여길 때가 많다.

예를 들어, 전도 집회를 할 때도 사람을 교회로 데려오는 것 자체만을 목표로 할 때가 많다. 몇 명을 모을 것인지 숫자를 정하고, 그 인원을 어떻게 달성할 것인지 전략을 짜고, 그에 따른 여러 방법을 동원한다.

성도들은 가족이나 친구들에게 연락을 한다. 때로는 옆 교회에 다니는 친구들과 품앗이를 한다는 웃지 못할 이야기도 들린다. 이번 주는 A교회 성도가 B교회에 가주고, 다음 주는 B교회 성도가 A교회에 가주는 방식이다.

어떻게든 많은 사람을 교회로 데려오기만 하면 된다고 생각하는 성도는 초청할 때도 무례하기 짝이 없다. 1년 내내 전화 한 번 하지 않다가 전도 집회가 다가올 즈음 뜬금없이 전화해 식사하고 차를 마시자고 한다. 그 목적은 상대방과 교제하기 위해서가 아니라 교회에 데려가기 위함이다. 세상 사람들은 이제 교회 다니는 친구에게 전화가 걸려오면 경계부터 한다. 목적이 있는 만남이라는 것을 경험했기 때문이다. 마치 물건을 팔려는 외판원이 상냥하게 웃는 얼굴로 다가오는 것처럼 느낀다.

사람 자체가 목적이 되면 진정한 관계가 맺어지는 만남이 되지만 숫자가 목표가 되면 사람은 수단으로 전락해버린다. 인대인은 계획과 목표를 포기하더라도 한 사람에게 마음을 집중하는 신앙을 추구한다.

인대인은 만남 자체를 중요하게 여긴다

어느 대형 서점 앞에 오랫동안 붙어 있던 현수막에는 이런 시구가 적혀 있었다.

"한 사람이 온다는 것은 실로 어마어마한 일이다. 그는 그의 과거와 현재, 그리고 그의 미래와 함께 오기 때문이다. 한 사람의 일생이 오기 때문이다."

만남은 인생과 인생이 마주하는 것이다. 만남에서는 과거와 현재와 미래라는 서로의 일생이 함께 이야기된다. 우리는 전 일생을 나누는 만남의 장에서 서로를 알아가고 이해하게 된다. 한 사람을 만나고, 알아가고, 이해하는 데는 절대적인 시간이 필요하다.

복음이라는 단어가 아름다운 이유도 여기에 있다. 아름다운 이야기인 복음은 수학 공식이나 한 가지 정답을 주장하지 않는다. 예수님은 가시는 곳마다 구원 공식을 주면서 외우라고 하시지 않았다. 그분은 아름다운 이야기를 만들어가셨다. 가시는 곳마다 하나님 나라의 이야기를 들려주셨다. 기적을 통해서, 비유를 통해서, 때로는 설교를 통해서 곳곳에 이야기라는 흔적을 남기셨다.

신약성경의 사복음서가 바로 그 이야기들이다. 예수님이 어떤 분이신지, 그리고 어떤 일을 행하셨는지에 대한 이야기, 그분의 과거와 현재와 미래 이야기다. 그래서 우리는 일평생 그분의 이야기를 들으며 새롭게 깨닫고 더 깊이 알아간다. 성경을 읽고 기도하면서 예수님을 통해 하나님을 알아간다.

우리는 누군가와의 만남을 통해 예수님의 이야기를 듣게 되어 신앙생활을 시작하거나 신앙의 성숙을 이뤄간다. 혼자서는 신앙생활이 불가능한 이유다. 그런데 만남을 그저 어떤 목적을 위한 수단으로 여긴다면 건강한 만남이 될 수 없다. 앞서 예로 든 외판원처럼 만남 자체를 목적으로 삼지 않고 그저 물건을 팔아 돈을 벌 수단으로 이용한다면 그것은 비즈니스다.

인대인은 상대방이 크리스천이든 아니든 상관없이 그 한 사람을 존귀하게 여기며 그와 아름다운 이야기를 만들어가는 것을 목적으로 한다. 또한 건물 교회라는 경직된 장소의 울타리를 넘어 나 자신이 교회로서 세상과 만나는 장이 되도록 훈련한다.

인대인은 함께 가는 여정을 중요하게 여긴다

사람 자체를 목적으로 삼고, 그 만남에서 아름다운 이야기를 만들어가려면 중요한 자세가 겸손이다. 옛말에 "물이 너무 맑으면 고기가 없고, 높은 산꼭대기에는 나무가 없다"는 말이 있다. 스스로 다 이뤘다고 여기는 교만한 사람 곁에는 따르는 사람이 없게 마련이다.

교만한 사람은 상대방을 무시하고 그의 말에 귀를 기울이지 않는다. 상대방에게서 배울 것이 없다고 생각하기 때문이다. 사람들이 가장 싫어하는 부류 중 하나는 자기 할 말만 하고 다른 사람의 말은 듣지 않는 사람이다.

세상 사람들이 크리스천들을 꺼려하는 이유도 비슷한 맥락에서다. 본인들은 죄를 안 짓고 살아가듯, 혹은 죄 문제와 상관없다는 듯 교만한 뉘앙스로 대화를 하기 때문이다. 그런데 실제 통계 자료에 따르면, 교회에 다니는 사람과 다니지 않는 사람의 윤리, 도덕적 삶에는 별 차이가 없다.

게다가 크리스천들의 화법은 일방적일 때가 많다. 상대방의 상황이 어떠하든 간에 무조건 "교회 가야 해", "예수 믿어야 해", "담배 끊어야 해", "술 마시지 마" 등으로 결론을 맺는다. 율법적이고 정죄하는 언어를 얼마나 많이 사용하는지 모른다.

신앙의 핵심은 '은혜'다. 은혜는 죄인을 용납하시는 하나님의 상상할 수 없는 긍휼에 기반을 두고 있다. 우리는 우리 자신을 스스로 완성하는 존재가 아니라 하나님의 은혜 가운데 완성되어 가는 존재다.

하나님 나라는 예수님을 통해 이미 임했지만 아직 완성되지 않았다. 하나님 나라는 지금 이 시간에도 계속 확장되고 있다. 그 나라가 완성되어 도래하는 바로 그때가 종말이다.

구원받아 의롭다 여기심을 받은 우리는 이 땅에서 계속 하나님의 자녀답게 살아가는 법을 배우며 성화된다. 그리고 하나님 앞에 설 때 비로소 궁극의 영화가 완성된다. 종말을 기다리며 사는 크리스천은 날마다 배우며 성숙하는 과정 중에 있으며, 그 과정에는 다른 사람과 함께 배워가는 동행이 동반된다. 우리는 주변 사람들을 여행 동반자로 여기는 겸손함을 갖춰야 한다.

"안코라 임파로"(Ancora Imparo)!

이 말은 '나는 아직도 배우고 있다'는 뜻으로, 천재 예술가인 미켈란젤로가 87세에 시스티나 성당의 천장화를 그린 후 남긴 말이다. 신앙은 주님 앞에 서는 그날까지 배우고 익혀야 하는 평생 학습이다. 인대인은 날마다 진리를 배우고 그 복음으로 사람을 살리는 겸손한 크리스천의 평생 학습이다.

인대인은 복음을 전부로 여긴다

인대인은 먼저 성도 한 사람, 한 사람을 교회로 바르게 세우고, 그렇게 세워진 한 명의 교회를 세상 속의 빛과 소금으로 만드는 선순환 과정이다. 하나님의 영광은 성도의 '선한 행실'을 통해 드러난다.

그러나 선해지는 것 자체가 궁극적인 목적은 아니다. 선한 행실은 사람을 구원하는 일에 쓰일 때 가치가 있다. 신앙은 도덕이나 윤리를 가르치는 것과 다르다. 신앙은 사람의 구원에 관한 일이다. 착한 사람이 되는 것이 목적이 아니라 사망에 이르는 죄로부터 구원받는 일이 목적이다. 내가 선한 사람이 되어 누군가를 만나고 그와 함께 배움의 여정을 걷는다고 해서 구원이 일어나지 않는다. 구원은 하나님의 은혜로 말미암아 오직 예수 그리스도를 믿는 믿음의 사람에게 일어나는 사건이다.

복음을 단지 '예수 믿고 천국 가는 것'으로 단순화하고 파편화한다면 그것은 복음을 모르는 것이다. 복음은 이 땅을 사는 동안 우리 삶의 구석구석에 영향을 미치고, 우리의 삶 전체를 설명해 주는 아름답고 웅장한 이야기다. 인대인은 복음을 정확하게 이해하고 복음의 정신으로 생각하고, 말하고, 결정할 수 있게 되는 것을 목적으로 한다.

예수님의 이야기의 핵심은 십자가다.
안타깝게도 많은 크리스천이 복음을 이미 아는 것으로 여긴다.
신앙생활의 초보 단계에서나 배우는 것쯤으로 생각한다.
그래서 복음 외의 다른 것들, 가령 기도 응답을 받는 방법,
리더십, 사회 정의, 형통, 번영, 부와 건강 등을 강조하곤 한다.
그러나 성경은 예수 그리스도와 그분의 십자가를 이야기한다.
우리는 예수 그리스도를 영접하기 위한 복음만이 아니라
복음의 정신과 원칙대로 사는 삶을 알아야 한다.
그래야 그분의 이야기가 곧 내 삶의 이야기가 되는 변화로
다른 이들을 초대할 수 있다.
내게 그분의 이야기는 얼마나 선명한가?
복음이 무엇인지 알고 전하기 위해 우리는 예수님의 이야기를
더 명확히 알 필요가 있다.
말할 수 있는 복음이 내 안에 있어야 한다.
그러기 위해 복음의 핵심적인 정신을 다시 한 번 짚어볼 필요가 있다.

PART. 3

그분의 이야기
(His Story)

01

말뿐인
복음

"2 더하기 3은 몇인가요?"
이 질문에 우리는 즉각 대답할 수 있다.
왜냐하면, 아니까!

많은 크리스천이 복음을 안다고 생각하는 경향이 있다. 교회에 다니면서 세례를 받고 예수님을 영접하면 복음을 이미 아는 것으로 여긴다. 복음을 신앙생활의 초보 과정처럼 여기기도 한다. 복음을 들었고, 예수님을 믿고, 교회에 다니니까 이제는 복음보다 더 고차원적인 내용으로 교육받기를 원한다.

목회자들도 복음을 설교한다고 하면 지루한 것처럼 여긴다. 복음은 이미 성도들이 아는 이야기이기 때문에 뭔가 살을 붙여야 더 의미 있는 설교가 된다고 생각하는 것 같다. 그렇다 보니 정작 복음 자체가 교회 안에서 선포되지 않을 때가 많다. 특별한 훈련 과정에 들어가야 복음이 무엇인지를 배우곤 한다.

개인적으로 나는 주일마다 복음이 전해지고 들려야 한다고 생각한다. 왜냐하면 성경이 예수 그리스도에 대해서 말하고 있기 때문이다. 복음은 신앙의 시작점에서 알아야 하는 기초 교육이 아니라 우리가 날마다 되새기고 새롭게 재발견해야 하는 신앙생활의 전부다.

초대 교회의 성도들은 모일 때마다 무엇을 했을까? 성전이나 집에 모여 성찬을 하거나 예배를 드릴 때 그들은 무엇을 했을까? 초대 교회에 임하신 성령님은 무슨 일을 행하셨을까?

성경은 분명히 이야기하고 있다. 그들은 예수가 그리스도이심을 가르치고, 그분을 예배하고 찬양했으며, 그분을 전했다. 초대 교회 성도들의 마음속은 오직 예수 그리스도로 가득했다. 더 정확히 표현하자면, 성령님이 그들의 마음에 예수가 그리스도이시라는 복음을 가득 채워주셨다. 그들의 마음은 언제나 예수 그리스도로 뜨거웠다. 그들은 핍박이 와도 예수님의 이름 말하기를 멈추지 않았다. 그분의 이름을 말하는 것이 곧 하나님을 기쁘시게 하는 일이라고 믿었다. 그리고 핍박을 받으면 오히려 예수님이 받으신 핍박을 동일하게 받는다고 생각해 자랑스러워했다.

그러나 오늘날의 교회는 다르다. 기독교 미래학자 레너드 스윗은 『예수 선언』에서, "기독교에서의 강의와 설교는 '그분'보다 '그것'을 강조한다"고 말한 바 있다. 사도 바울의 편지는 복음, 즉 예수 그리스도의 이야기로 가득하다.

  오늘날 설교와 강의는 어떠한가? 마치 복음은 다 알 것이라 전제하고 복음이 아닌 다른 것들을 말한다. 예를 들어, 기도하는 방법, 응답받는 방법, 기적, 리더십, 사회 정의, 형통, 번영, 구약의 절기, 부와 건강, 조직 신학 등이 그렇다. 이런 주제들이 잘못된 것은 아니지만, 이를 복음적으로 해석하지 않는다면 잘못된 설교와 강의가 될 수밖에 없다. 모든 주제에 복음적 원리가 녹아 있어야 하고, 복음이 우리 삶의 모든 영역에서 답이 되어야만 한다. 복음의 원리는 매우 중요하다.

  '말할 수 없는 것'은 '모른다는 것'을 전제로 한다. 수십 년 교회를 다녀도 복음을 말할 수 없다면 의심해봐야 한다. 성도는 복음을 말할 수 있어야 한다. 우리가 복음을 먼저 들은 이유는 복음을 전하라는 주님의 부르심 때문이다.

  인대인 훈련은 복음을 잘 이해하고 말할 수 있을 만큼 준비되는 데 목표를 둔다. 여기서 소개하는 복음의 내용은 각 교회에서 다양한 방법으로 훈련할 수 있을 것이다. 중요한 것은 '복음을 말할 수 있을 만큼' 준비되도록 돕는 것이다.

  인대인에서 다루는 복음적 원리는 다음과 같다.

- 신앙은 **하나님의 부르심**으로 시작된다.

- 복음은 **하나님의 은혜**를 강조한다.
- 십계명은 무조건적인 **강요**가 아니라 하나님의 백성의 **마땅한 삶**이다.
- 하나님은 율법과 함께 **제사**를 주셨다.
- 구약의 이야기만으로는 **완성되지 않았다.**
- 복음은 **복음의 결과**와는 다르다.
- 복음은 **승리하신 예수님**의 승리가 내게 주어지는 것이다.
- 복음은 **남**을 잘되게 하는 것이다.
- 우리가 먼저 구원받은 이유는 **복음 전파**다.

02

복음의 정신을 오해하는 그들에게 들려주고 싶은 9가지 이야기

1. 신앙은 '하나님의 부르심'으로 시작된다

> 길이 없다면 목적지에 도달할 수 없다.
> 길이 먼저이고, 출발하기로 한 것이 나중이다.

신앙에는 시작이 있다. 처음으로 교회에 나온 때를 떠올려보라. 어떤 계기로 교회에 나오게 되었나? 혹은 하나님을 인격적으로 만나게 된 경험을 상기해보라. 예수님을 나의 구원자로 믿게 된 결정적인 순간을 생각해봐도 좋다.

겉보기에는 여러 가지 문제로 인해 교회에 나오게 되었다고 생각할 수 있다. 내가 내 입으로 예수를 그리스도라고 고백하며 예수님을 믿기로 작정한 것이라 생각할 수도 있다. 그러나 우리는 그 이면에 하나님의 부르심이 있었다는 사실을 기억해야 한다. 모든 사람은 하나님의 부르심으로 인해 신앙생활을 시작한다.

내가 아니라 하나님이 먼저 부르셨다. 이 사실을 기억하는 것은 매우 중요하다.

> 예수 그리스도의 종 바울은 **사도로 부르심**을 받아 하나님의 복음을 위하여 택정함을 입었으니 … 너희도 그들 중에서 **예수 그리스도의 것으로 부르심을 받은** 자니라 로마에서 하나님의 사랑하심을 받고 **성도로 부르심을 받은 모든 자**에게 하나님 우리 아버지와 주 예수 그리스도로부터 은혜와 평강이 있기를 원하노라(롬 1:1, 6-7).

> 또 이르시되 그러므로 전에 너희에게 말하기를 **내 아버지께서 오게 하여 주지 아니하시면** 누구든지 내게 올 수 없다 하였노라 하시니라(요 6:65).

우리가 신앙생활을 하게 된 것은 하나님이 우리를 부르셨기 때문에 가능한 일이다. 사람이 구원받는 것은 하나님의 선택에 달려 있다는 말이다. 마찬가지로, 사람이 구원받지 못하는 것은 하나님이 선택하시지 않았다는 뜻이다. 그래서 많은 사람이 하나님의 부르심은 불공평하다고 말한다.

그러나 우리는 하나님의 주권적인 선택과 때를 인정해야 한다. 하나님이 선하신 분이며 합력하여 선을 이루시는 분임을 믿고 그분께 맡겨야 한다. 이성적인 판단으로는 불공평해 보일지라도, 우리는 모든 인류의 구원을 바라시는 하나님의 사랑을 신뢰해야 한다.

신앙의 근거를 하나님의 부르심에 두지 않는다면 우리의 구원은 언제든지 흔들릴 것이다. 때로 복음이 복음 되지 못하는 이유도 여기에 있다. 내가 선택한 것이 아니다. 하나님이 부르신 것이다. 구원은 하나님의 손에 있다.

무엇을 말할 수 있는가?

Q. 인생의 고난에서 무슨 좋은 의미를 발견할 수 있죠? 고생만 하는 것 아닌가요?

A. 어떤 사람이 당신에게 "파산했어요", "아이를 유산했어요" 혹은 "큰 병에 걸렸어요"라고 말한다면, 당신은 하나님이 그 일을 통해 그 사람을 부르고 계신다는 사실을 눈치채야 한다. 그리고 이렇게 말해야 한다. "이 일을 통해 하나님이 당신을 부르시는 것입니다. 하나님의 초대입니다."

그렇다고 하나님이 일부러 고통을 주신다는 의미는 아니다. 합력하여 선을 이루시는 하나님이 그분을 만나는 영적 부르심의 통로로 인생의 고난을 활용하실 수 있다는 점을 알려주라는 것이다. 우리는 기쁜 일이든, 어려운 일이든 그 일을 통해 하나님의 부르심에 응답하며 신앙 안으로 들어오게 된다.

2. 복음은 '하나님의 은혜'를 강조한다

> 입양하기로 한 선택(은혜)이 먼저이고,
> 그것을 받아들이는 수용(믿음)이 나중이다.

복음은 은혜를 강조한다. 우리의 신앙이 하나님의 부르심에서 시작되었다는 것 자체가 은혜를 말한다.

당연한 이야기 같지만, 사람들은 은혜보다 자신의 믿음을 강조하려고 할 때가 많다. 자신의 믿음이 더 크다는 것을 드러내고 싶은 것이다. 그러나 자신의 믿음을 더 큰 것으로 여기고 과시하려는 마음은 이미 복음적이지 않다. 왜냐하면 복음은 은혜 아래서 모든 성도를 평등하게 하기 때문이다. 믿음으로 구원받는다는 의미를 올바로 이해하면 '우리에게 자랑할 것이 없다'는 사실을 제대로 알게 된다.

그런즉 자랑할 데가 어디냐 있을 수가 없느니라 무슨 법으로냐 행위로냐 아니라 오직 믿음의 법으로니라(롬 3:27).

우리를 택하시고 성령으로 거듭나게 하시는 하나님의 은혜가 없다면 우리는 결코 예수를 그리스도로 받아들일 수 없다. 우리가 믿을 수 있도록 '은혜가 먼저 주어졌음'을 기억해야 한다. 지금 우리가 은혜의 자리로 나아갈 수 있는 이유는 은혜가 미리 준비되었기 때문이다.

그러므로 우리가 믿음으로 의롭다 하심을 받았으니 우리 주 예수 그리스도로 말미암아 하나님과 화평을 누리자 또한 그로 말미암아 우리가 **믿음으로 서 있는 이 은혜에 들어감을 얻었으며** 하나님의 영광을 바라고 즐거워하느니라(롬 5:1-2).

우리는 모두 다 어둠의 영역에서 죄로 물들어 살고 있었다. 어둠과 죄에서 벗어날 수 있는 방법은 전혀 없었다. 인간 스스로는 그 죄를 자정할 능력이 없다. 구원은 오직 하나님만이 가능하시다. 바로 예수 그리스도로 말미암은 은혜로만 구원받을 수 있는 것이다.

너희가 전에는 어둠이더니 이제는 주 안에서 빛이라 빛의 자녀 들처럼 행하라(엡 5:8).

은혜는 그저 믿음으로 받는 것이다. 우리가 믿음을 이해하기 위해 떠올리기 좋은 이미지는 '빈손'이다. 하나님이 은혜를 주실 때는 우리 손에 들어 있는 것이 없어야 한다. 뭐라도 있으면 은혜를 받을 수 없다.

우리는 늘 빈손이다. 우리에게는 아무것도 없다. 우리에게는 아무 공로가 없다. 얻은 구원에 대해 기여한 바가 전혀 없다. 우리는 그저 빈손으로 은혜를 받아 구원에 이르는 것이다. 그래서 우리는 구원의 이야기를 '복음', 곧 '기쁜 소식'이라고 한다. 그 기쁨은 내 믿음에서 오는 것이 아니라 빈손에 주어진 선물, 곧 엄청난 은혜에 기인한 것이다. 그러므로 복음은 항상 은혜를 강조할 수밖에 없다.

무엇을 말할 수 있는가?

**Q. 저는 구원받을 만큼 큰 믿음이 없는데요?
저는 아직 그런 그릇이 못 돼요.**

A. '믿음이 없어서 구원을 못 받는다'는 식으로 생각하는 사람

들이 있다. 혹은 '믿음이 커서 더 많은 축복을 받는다'고 자랑하는 사람들도 있다.

신앙의 출발이 '하나님의 부르심'이라는 사실을 확실하게 안다면 이런 식의 자랑을 멈추게 될 것이다. 더 나아가 사람들에게 우리의 구원은 하나님의 사랑에 근거한 '은혜'라고 말하며 복음의 진정한 의미를 설명할 수 있을 것이다. 기독교는 믿음('나' 주체)의 종교가 아니라 사랑과 은혜('하나님' 주체)의 종교다. 이 사실을 분명히 알 때 '내가 얼마만큼 믿는가?'에 따라 결과가 달라지는 인과응보적인 신앙을 뛰어넘어 하나님의 전적인 은혜에 감사하는 성도가 될 수 있다.

3. 십계명은 무조건적인 '강요'가 아니라 하나님의 백성의 '마땅한 삶'이다

아들이 아닌 자에게 아들 노릇이란 없다.

사람들은 '십계명'이라는 단어를 들으면 일반적으로 숨이 턱 막힌다는 반응을 보인다. 우리를 옴짝달싹 못하게 만들어놓은 올가미처럼 생각하기도 한다. 하나님의 명령대로 살지 않으면 큰 벌을 받을 것이라 여기면서, 구약 시대 이스라엘 백성이 십계명을 어겨 벌 받은 이야기만 강조한다. 십계명을 그저 벌 받지 않기 위해 지켜야 할 무언가로 여긴다.

과연 하나님은 십계명을 벌 받지 않을 조건으로 우리에게 주신 것일까? 만약 그렇다고 생각한다면, 신앙이 관계적이라는 사실을 아직 모르고 있는 것이다.

신앙은 관계다. 관계를 이해하지 못하면 신앙은 무조건적으로 강요하시는 하나님 앞에서 무조건적인 순종을 강요받는 인간의 타율적인 행위가 된다. 이 한 문장에 기독교에 대해 오해하는 대부분의 용어가 등장한다. '무조건적인 강요', '무조건적인 순종', '타율적 행위.' 올바른 신앙에서는 나올 수 없는 용어들이다.

성경은 하나님이 사랑이시라고 말한다. 이 말씀의 의미 역시 지극히 관계적이다. 사랑은 결코 강요하지 않는다. 총이나 칼로 위협해서 상대방과 결혼을 했다면 매우 불행한 일이다. 영원하신 하나님이 삼위일체라는 신비한 방법으로 변함없이 존재하실 수 있는 이유는 바로 사랑의 관계로 존재하시기 때문이다.

사랑은 영원하고 변함없는 하나님의 존재 방식이다. 그분은 삼위일체의 사랑 안으로 하나님의 백성인 우리를 초대하신다. 하나님의 사랑에 동참하고자 하는 자를 부르신다. 그 부르심이 바로 십계명이다.

애굽에서 나온 이스라엘 백성은 시내산에서 하나님으로부터 십계명을 받았다. 우리는 10개의 계명이 어떤 내용인지에는 관심이 많지만 십계명을 받기 전 장면에는 주목하지 않는다.

하나님이 이 모든 말씀으로 말씀하여 이르시되 **나는 너를 애굽 땅, 종 되었던 집에서 인도하여 낸 네 하나님 여호와니라** 너는 나 외에는 다른 신들을 네게 두지 말라(출 20:1-3).

하나님은 십계명을 주실 때 분명히 "나는 너희를 사랑하기 때문에 애굽에서 구원했다"라는 메시지를 주셨다. 우리는 하나님이 항상 먼저 우리를 사랑하셨다는 사실을 기억해야 한다. 우리가 하나님의 사랑을 받을 만한 조건에 이르렀기 때문이 아니다. 하나님이 먼저 우리를 사랑하셨기에 우리가 은혜를 받은 것이다.

하나님은 우리를 사랑하시기에 십계명을 통해 삼위일체 하나님과의 교제 안으로 우리를 초대하셨다. 그 교제가 유지되려면 우리가 하나님께 순종함으로써 사랑을 보여드리는 것이 선행되어야 한다. 다른 신을 데리고 삼위일체 하나님과의 교제 안으로 들어온다는 것이 말이 되는가? 바로 이러한 관점으로 제1계명을 대하면 하나님이 우리에게 원하시는 바를 훨씬 더 선명하게 이해하게 된다.

사랑의 관계로서 십계명을 이해하지 않으면 하나님의 사랑을 얻어내기 위한 조건으로 십계명을 오해하게 될 것이다. 그저 복을 받기 위한 조건 말이다. 그렇다면 신앙생활을 하는 내내 불안과 불필요한 고민 등 소모적인 생각에 사로잡혀 살 것이다. 십계명은 하나님이 우리를 사랑하신다는 사실을 전제로 주어진 것이다. 하나님의 은혜가 먼저다.

> 우리가 아직 죄인 되었을 때에 그리스도께서 우리를 위하여 죽으심으로 하나님께서 우리에 대한 자기의 사랑을 확증하셨느니라(롬 5:8).

하나님의 사랑은 우리의 행위에 반응하는 보상으로서의 사랑이 아니다. 하나님이 우리에게 구원을 허락하신 때는 우리가 하나님의 원수였을 때다. 죄인일 때다.

'원수임에도 불구하고 베풀어주신 사랑'이라는 말은 불충분하다. 오히려 하나님은 우리가 원수이기 때문에 "마침내 내가 구원을 베풀 대상을 찾았다. 너야말로 나의 구원이 필요하다"라고 여기시며 기꺼이 자기 몸으로 우리를 사랑해버리셨다. 마지못해 베푸신 사랑이 아니라 우리의 상상을 초월한 사랑이다.

우리는 여전히 하나님께 사랑을 얻을 자격이 없다. 그저 쏟아지는 사랑을 받기만 하는 존재가 되었다. 이것이 바로 우리가 믿저 은혜를 베풀어주신 하나님을 찬양해야 하는 이유다. 늘 되뇌는 말이 있다. "하나님은 항상 앞서가시며, 그렇지 않고는 우리를 결코 먼저 보내지 않으신다." 이 말은 항상 옳다.

무엇을 말할 수 있는가?

Q. 하나님은 하지 말라고 하시는 게 너무 많아요. 답답해서 신앙은 생각하기도 싫어요.

A. 십계명을 강요나 통제 혹은 죄인을 걸러내시려는 하나님의 의도로 여긴다면 우리는 언제나 하나님을 엄한 주인으로 여기게 된다. 그러나 십계명을 '하나님이 죄 된 우리를 먼저 선택해 하나님과의 온전한 관계로 초대하셨는데, 그 관계를 유지하기 위해 우리에게 주신 약속'으로 바라본다면 하나님은 사랑의 아버지로 바뀌신다.

우리의 언어는 늘 우리의 생각에서 나온다. 하나님을 엄한 주인으로 여겨 힘들어한다면 우리의 입에서는 금세 빈정거림과 원망의 언어가 쏟아질 것이다. 그러나 거룩하신 하나님이 죄인인 우리를 만나주셨다는 사실을 은혜로 여긴다면 우리의 마음과 생각, 말투에 굉장히 큰 변화가 있을 것이다. 복음은 은혜이고, 하나님의 사랑은 언제나 먼저다. 십계명도 사랑의 증거다.

4. 하나님은 율법과 함께 '제사'를 주셨다

> 실수가 용납되었다면 그것은 용서를 전제로 한다.
> 제사는 용서를 제도화한 것이다.

단도직입적으로 질문해보겠다. "하나님은 왜 이스라엘 백성에게 제사법을 주셨는가?" 속죄제, 속건죄, 화목제 등 제사를 하나하나 다루지는 않겠다. 모든 제사의 핵심적 의미는 죄로 인해 멀어진 하나님과의 관계를 회복하고, 더 나아가 이웃과의 관계까지 회복하는 것이다.

제사의 중요한 목적은 하나님 앞에서 지은 죄의 문제를 해결하는 것이다. 그렇다면 죄가 무엇인가? 하나님이 주신 율법대로 살지 못한 것이다. 율법이 기준이라면 그 기준을 벗어난 것이 죄다.

우리는 하나님이 주신 모든 율법을 결코 다 지킬 수 없다. 그 사실을 아신 하나님이 제사법을 주신 것이다. 죄로 인해 하나님과 멀어진 우리가 그분과 사랑의 관계를 회복할 수 있는 유일한 방법이 바로 제사였다. 제사가 없었다면 우리는 단 하나의 율법만 어겨도 그 순간 거룩하신 하나님 앞에서 죽을 수밖에 없었을 것이다. 얼마나 감사한지 모른다.

누구든지 온 율법을 지키다가 그 하나를 범하면 모두 범한 자가 되나니(약 2:10).

그러므로 율법의 행위로 그의 앞에 의롭다 하심을 얻을 육체가 없나니 율법으로는 죄를 깨달음이니라(롬 3:20).

십계명을 중심으로 앞에는 애굽에서 구원해주신 은혜가 있고, 뒤에는 계명대로 살지 못할지라도 제사를 통해 회복해주시는 은혜가 있다. 모든 율법의 앞뒤를 은혜가 온전히 감싸고 있는 것이다. 우리는 결코 은혜 없이 살 수 없다. 신앙의 시작도 은혜이고, 과정도 은혜이며, 마지막도 은혜다.

우리는 종종 구약 시대에는 율법을 지켜서 구원을 받고, 신약 시대에는 예수님을 믿어서 구원을 받는다고 생각한다. 과거에 어떤 이단은 구약의 하나님은 너무 무섭고 신약의 하나님은 사랑이시기에 신약만 성경으로 읽어야 한다고 주장하기도 했다. 그러나 하나님은 태초부터 인간을 향한 사랑으로 일관하셨고, 모든 성경은 복음, 곧 은혜의 기쁜 소식들로 가득차 있다.

이 뜻을 따라 예수 그리스도의 몸을 단번에 드리심으로 말미암아 우리가 거룩함을 얻었노라 제사장마다 매일 서서 섬기며 자주 같은 제사를 드리되 이 제사는 언제나 죄를 없게 하지 못하거니와 오직 그리스도는 죄를 위하여 한 영원한 제사를 드리시고 하나님 우편에 앉으사(히 10:10-12).

예수님은 온 인류의 죄를 구원하기 위해서 이 땅에 오신 은혜의 하나님이시다. 그분이 단번에 속죄 제물로 십자가에서 죽으셨기에 구약의 제사는 더 이상 필요 없게 되었다. 이제는 예수를 그리스도로 영접하고 믿는 자에게 죄 사함의 은혜가 주어지기 때문이다. 구약의 복음이 제사였다면, 신약의 복음은 예수님으로 말미암아 완성된 복음이라고 할 수 있다.

무엇을 말할 수 있는가?

Q. 복잡한 제사나 절차들은 하나님을 위한 것 아닌가요? 인간만 힘들어요.

A. 율법의 앞에 해방과 구원이 있고 뒤에 제사라는 용서의 은혜가 있다면, 우리는 하나님의 사랑에 온전히 둘러싸여 신앙생활을 하는 것이다. 신약의 하나님만이 아니라 구약의 하나님도 언제나 일관되게 우리를 은혜로 덮고 사랑하셨다.

그러하기에 우리는 하나님이 우리를 얼마나 사랑하시는지에 대해 '모든' 성경을 들어 말할 수 있다. "교회 가기 싫어요. 하지 말라는 것이 너무 많아요. 복잡해요"라고 말하는 이들에게 "그 모든 것은 우리를 정죄하려는 것이 아니라 용서하려는 것입니다"라고 말할 수 있다. 구약을 바라보는 시선이 바뀐다면 성경에서 어느 곳을 살펴보든 하나님의 가득한 사랑을 발견하며 감격하게 될 것이다.

5. 구약의 이야기만으로는 '완성되지 않았다'

> 완성된 퍼즐을 보고 나서야
> 각 퍼즐의 진면목을 알 수 있다.

성경 전체는 반드시 복음의 렌즈를 끼고 봐야 한다. 구약성경을 읽을 때도 마찬가지다. 우리는 예수 그리스도를 통해 들은 복된 소식을 근거로 구약성경을 읽어야 한다. 구약성경은 그 자체로 완성된 이야기가 아니다. 그 이야기는 계속 진행 중이며, 마침내 예수 그리스도를 통해 완성된다. 그러므로 구약 이야기의 마지막은 항상 열려 있다고 할 수 있다.

구약성경은 매우 중요하다. 우리는 구약을 통해 하나님이 우리에게 요구하시는 거룩한 삶이 무엇인지를 알 수 있다. 예수님과

제자들도 구약성경을 하나님의 말씀으로 믿고 읽었다. 구약성경은 단지 구약의 인물들을 좇아 살라고 권면하는 윤리, 도덕적인 책이 아니라 전반에 걸쳐 "예수님이 바로 온 인류의 구원자이시다"라는 큰 주제가 흐르고 있는 책이다.

> 내가 너로 여자와 원수가 되게 하고 네 후손도 여자의 후손과 원수가 되게 하리니 여자의 후손은 네 머리를 상하게 할 것이요 너는 그의 발꿈치를 상하게 할 것이니라 하시고(창 3:15).

> 그러므로 주께서 친히 징조를 너희에게 주실 것이라 보라 처녀가 잉태하여 아들을 낳을 것이요 그의 이름을 임마누엘이라 하리라(사 7:14).

> 천사가 이르되 마리아여 무서워하지 말라 네가 하나님께 은혜를 입었느니라 보라 네가 잉태하여 아들을 낳으리니 그 이름을 예수라 하라(눅 1:30-31).

> 이 모든 일이 된 것은 주께서 선지자로 하신 말씀을 이루려 하심이니 이르시되 보라 처녀가 잉태하여 아들을 낳을 것이요 그의 이름은 임마누엘이라 하리라 하셨으니 이를 번역한즉 하나

님이 우리와 함께 계시다 함이라(마 1:22-23).

때가 차매 하나님이 그 아들을 보내사 여자에게서 나게 하시고 율법 아래에 나게 하신 것은 율법 아래에 있는 자들을 속량하시고 우리로 아들의 명분을 얻게 하려 하심이라(갈 4:4-5).

우리는 구약성경과 신약성경의 몇 구절들을 읽는 것만으로도 예수 그리스도를 통해 우리를 구원하시는 하나님의 일하심을 한눈에 알 수 있다. 게다가 예수님과 사도 바울은 성경의 기록 목적을 분명하게 선언했다.

너희가 성경에서 영생을 얻는 줄 생각하고 성경을 연구하거니와 이 성경이 곧 내[예수님]게 대하여 증언하는 것이니라(요 5:39).

또 어려서부터 성경을 알았나니 성경은 능히 너로 하여금 그리스도 예수 안에 있는 믿음으로 말미암아 구원에 이르는 지혜가 있게 하느니라(딤후 3:15).

따라서 우리는 구약에 등장하는 아브라함을 본받아야 할 위인으로 생각해서는 안 된다. 또한 아브라함이 어떻게 믿음의 조상이 되어 복을 받았는지, 그 비법을 알아내는 데 목적을 두어서도 안 된다. 아브라함의 등장은 신약에 나오는 예수님의 이야기를 통해 비로소 온전히 해석될 수 있다.

> 또 하나님이 이방을 믿음으로 말미암아 의로 정하실 것을 성경이 미리 알고 먼저 아브라함에게 복음을 전하되 모든 이방인이 너로 말미암아 복을 받으리라 하였느니라 그러므로 믿음으로 말미암은 자는 믿음이 있는 아브라함과 함께 복을 받느니라(갈 3:8-9).

하나님이 아브라함으로 하여금 믿음으로 복을 받게 하신 이유는 하나님을 믿는 모든 사람도 복을 받게 하시려는 것이었다. 뿐만 아니라 궁극적으로는 구원이라는 가장 큰 복이 예수 그리스도를 믿는 모든 자에게 주어진다는 것을 보여주시기 위해서였다. 다시 말해, 아브라함의 복은 예수 그리스도를 믿는 자에게 주어지는 복의 예표인 것이다.

이스라엘의 위대한 왕이었던 다윗도 마찬가지다. 하나님은 다윗을 우리가 닮아가야 할 인물로 제시하신 것이 아니다. 다윗은 완전한 왕이 아니다. 구약의 모든 왕은 완전한 왕이 아니다. 결국 완전한 왕은 누구이신가? 바로 예수 그리스도이시라고 성경은 말하고 있다. 다윗의 이야기뿐 아니라 구약의 이야기 속에 변함없이 흐르고 있는 하나님의 구속의 은혜를 발견할 때 우리는 온전한 진리를 깨닫게 된다.

무엇을 말할 수 있는가?

Q. 구약은 들러리 아닌가요?
결론은 신약이니까 신약성경만 읽을래요.

A. 구약성경을 위인전처럼 읽으면서 "누구를 본받아 살자"는 식으로 적용하는 것은 부적절하다. 우리는 복음의 렌즈로 모든 성경을 읽어야 하며, 성경 속의 예수님을 주인공으로 삼아야 한다.

성경 전체를 관통하는 복음을 이해할 때 구약성경을 그저 옛이야기가 아니라 그 긴 시간 예수 그리스도의 탄생을 이끌어내신 하나님의 열망으로 올바로 이해하게 된다. 나를 구원하시려는 하나님의 사랑이 얼마나 강렬한지, 그 의지가 얼마나 대단한지를 깨달으면 구약의 은혜가 모두 살아나 우리에게 다가온다. 누군가가 구약에 대해서 물을 때 우리는 하나하나의 독립된 에피소드가 아니라 우리를 구원하고자 하시는 하나님의 사랑으로 설명해줄 수 있게 될 것이다.

6. 복음은 '복음의 결과'와는 다르다

> 아버지와 아버지가 사오시는 선물은
> 다른 것이다.

생각보다 많은 크리스천이 복음 자체를 믿기보다 복음이 주는 결과를 믿는다. 다시 말해, 예수님을 통한 구원의 진리보다 예수님이 주신 혜택들에 관심이 많다.

예수님을 쫓아다니던 무리는 고칠 수 없는 질병을 치유받고 허기진 배를 채울 수 있었다. 그러나 그런 기적만으로는 예수님이 누구이신지를 알 수 없다. 알 수 없으면 믿을 수 없다. 믿지 못하면 구원에 이를 수 없다.

마찬가지로 복음을 제대로 이해하지 못한다면 결국 복음을 전하는 일도 위축될 수밖에 없다. 말하지 못하는 것은 알지 못하는 것이다. 복음을 안다고 하지만 복음을 설명할 수 없는 현실 속에서 성도들은 점점 기복신앙에 물든 수박 겉핥기식의 종교인이 된다.

복음은 늘 이야기되어야 한다. 복음은 늘 선포되어야 하고, 성도들의 관심사가 되어야 한다. 성도는 복음에 익숙해지고 복음을 말할 수 있도록 준비해야 한다.

복음은 '예수를 그리스도로 믿으면 천국 간다'는 공식과는 다르다. 이런 공식은 마치 "이순신 장군이 누구냐?"는 질문에 "거북선"이라고 대답하는 것과 같다. 무조건 '이순신 장군=거북선'이라고 외우는 것이다. 거북선을 외운다고 이순신 장군이라는 한 인물을 알 수는 없다. 동일하게 '예수=천국, 예수=영생, 예수=복'을 외우는 것은 복음을 아는 것이라고 할 수 없다.

지금 우리가 전해야 하는 복음은 공식이 아니다. 세상 사람들이 들어야 하는 복음은 공식이 아니다. 세상은 예수님이 누구이신지 알아야 한다. 예를 들어, 누군가 이순신 장군에 대해서 물으면 그가 행한 업적과 사상과 삶을 설명해야 한다. 그때 비로소 이순신 장군이라는 한 인물을 이해하게 된다.

예수님에 대해서 누군가 물을 때 "나도 몰라. 무조건 믿어. 믿으면 천국 가"라는 식으로 대답해서는 전도가 불가능하다. 혹은 "예수 믿으면 복 받아"라는 말로도 이제는 현혹할 수 없다. 예수를 안 믿고도 돈 많고, 좋은 차 타고, 세속적으로 성공한 사람이 부지기수다. 아마 그들은 되물을 것이다. "이미 나는 돈도 많고, 자녀도 명문 대학에 다니고, 차도 벤츠다. 더 많은 복이 왜 필요하겠는가?"라고 말이다. 그들의 말에 오히려 복음을 가진 성도들이 위축될까봐 걱정해야 할 정도다.

복음이 주는 결과물이나 예수님이 주실 혜택에 먼저 눈이 가면 예수님이 누구이신지, 복음이 무엇인지에 관심을 둘 수 없다. 우리는 복음의 정신과 예수님이 주실 가장 큰 혜택인 죄 사함과 구원이라는 놀라운 복을 우선적으로 선포해야 한다.

> 그들이 날마다 성전에 있든지 집에 있든지 예수는 그리스도라고 가르치기와 전도하기를 그치지 아니하니라(행 5:42).

초대 교회 공동체는 복음이 주는 세상적인 결과물이나 혜택을 자랑하지 않았다. 그것을 믿음이라고 생각하지 않았다. 그들은 예수님이 주신 혜택보다 그분이 베푸신 구원에 감사할 줄 알았다. 순도 높은 복음인 '예수님은 누구이신가?'를 가르치고 전했다. 그리고 다른 사람들과 더불어 살아가며 긍휼한 마음으로 자기 것을 나누고 베푸는 삶을 살았다.

간혹 "삶으로 복음을 증명하라"라는 말을 하곤 한다. 우리는 우리의 삶으로 자신이 가진 믿음을 증명할 수 있다. 그러나 복음은 우리가 증명할 수 없고, 증명할 필요도 없다. 복음은 예수님의 십자가로 이미 증명된 사실(fact)이다. 내가 행한 그 무엇으로, 혹은 내가 받은 그 어떤 복으로 복음이 증명되는 것이 아니다. 마치 간증을 하듯이 복음을 삶으로 증명하려 하거나 자신이 받은 복으로 설명하려는 것은 큰 실수다. 간증이 복음 자체를 말하지 않고 복음으로 얻은 복을 말할 경우 복음 자체의 내용이 오히려 약화되기 때문이다.

초대 교회는 예수님을 믿고 받은 구원 이외의 복은 강조하지 않았다. 세상적으로 성공했다는 이야기를 하지도 않았다. 오히려 예수님의 고난에 동참함으로써 주어지는 낮아짐과 버려짐을 말하고 있다.

무엇을 말할 수 있는가?

Q. 예수를 믿으면 당장 이 어려움을 좀 피할 줄 알았는데요?

A. "예수 믿으면 고난을 피할 수 있다. 하나님의 복을 많이 받는다. 행복해진다. 대학에 붙을 수 있다" 등 복음의 결과에 솔깃해 교회에 온 사람들은 올바른 신앙의 길로 들어서기가 무척 힘들다. 예수를 믿음으로써 얻게 되는 구원 외의 것을 더 기대한다면 입문부터 잘못된 발걸음이다.

조금 어렵겠지만, 복음이 아닌 복음의 결과물에 관심이 기울어지지 않도록 주의해야 한다. "과연 나는 복음 자체를 궁금하게 여기고 원하는가? 아니면 복음의 결과를 얻고 싶어서 교회에 왔는가?"라고 질문하고 스스로를 돌아볼 필요가 있다.

7. 복음은 '승리하신 예수님'의 승리가 내게 주어지는 것이다

> 나와 상관없는 사람의 승리는
> 나에게 아무런 유익이 없다.

복음은 우리를 죄에서 자유롭게 한다. 죄에서 자유로워지려면 죄를 이겨야 한다. 죄를 누가 이기셨는가? 바로 예수님이시다. 복음은 우리에게 "너희가 승리했다"고 말하지 않는다. 우리는 승리자가 아니다. 승리하신 분은 따로 있다. 바로 예수님이시다. 우리는 승리하신 예수님 덕분에 승리자가 되었다. 이것이 은혜다. 예수님이 우리가 감당할 수 없었던 죄라는 대적을 이기셨기에 우리가 함께 승리자가 된 것이다. 이것이 바로 '이신칭의'의 원리다.

> 모든 사람이 죄를 범하였으매 하나님의 영광에 이르지 못하더니 그리스도 예수 안에 있는 속량으로 말미암아 하나님의 은혜로 값없이 의롭다 하심을 얻은 자 되었느니라(롬 3:23-24).

사람은 누구도 죄를 이기지 못한다. 그래서 하나님의 영광에 다다를 수 없다. 유일한 방법이 있는데, 바로 예수님이 우리의 죄에 대해 대가를 치르시는 것이다. '속량'이란 죄에 대해 값을 치르는 것을 말한다. 예수님은 우리를 대신해 십자가라는 형벌을 받으심으로써 우리의 죄에 대한 대가를 치르셨다. 덕분에 우리의 죄는 사라졌다. 우리는 죄에 대해 승리했다. 그러나 이 승리는 우리가 이겨서 쟁취해낸 승리가 아니다. 은혜, 곧 선물처럼 주어진 승리다.

그러므로 복음은 우리가 행한 그 무엇으로 승리자가 되는 것이 아니라 예수님이 이루신 승리 덕분에 우리가 승리자로 여겨지게 되었다고 말한다. 우리가 죄를 짓지 않음으로써 완벽한 의에 이르는 것이 아니라 예수님의 십자가 은혜로 말미암아 의가 주어지는 것이다. 나는 실제로 의롭지 않지만 의로운 자로 여겨지는 것이다.

복음을 오해하는 많은 사람은 자기 자신이 승리자라고 생각한다. 또 힘과 권력, 물질을 확보해 승리할 만한 자격을 갖추려 한다. 예수를 믿으면 그런 승리자가 된다고 생각한다. 그러나 복음을 잘 알고 있었던 사도 바울은 "강해져서 너 자신이 승리자가 되라"고 말하지 않았다. 오히려 약한 것을 자랑하고, 약한 가운데서도 우리를 건짐으로써 승리하게 하시는 주님을 바라보라고 했다.

그러나 주님께서는 "**너는 이미 내 은총을 충분히 받았다. 내 권능은 약한 자 안에서 완전히 드러난다.**" 하고 번번이 말씀하셨습니다. 그래서 **나는 그리스도의 권능이 내게 머무르도록 하려고** 더없이 기쁜 마음으로 **나의 약점을 자랑**하려고 합니다. 나는 **그리스도를 위해서 약해지는 것을 만족**하게 여기며, 모욕과 빈곤과 박해와 곤궁을 달게 받습니다. 그것은 **내가 약해졌을 때 오히려 나는 강하기 때문입니다**(고후 12:9-10, 공동번역).

바울은 자신이 죄에 대해, 또한 자신의 약함에 대해 승리할 수 없는 유한한 인간이라는 사실을 잘 알았다. 그리고 그 약함이 부끄러운 것이 아니라 하나님의 능력을 자신에게 머물게 하는 것임도 알았다. 그는 "너는 충분히 은혜를 받았고, 하나님의 능력은 약한 자에게 완전히 나타난다"는 하나님의 음성을 자주 들었다. 놀라운 말씀이다.

다시 한 번 강조한다. 복음은 나를 강하게 만드는 것이 아니다. 복음은 강하신 하나님으로 말미암아 주어지는 능력으로 내가 사는 것임을 알게 한다.

가끔 '충전기 신앙'을 갖고 있는 분들을 본다. 마치 예배를 통해 은혜를 충전하고 나면 세상에서 자기 힘으로 승리를 얻을 수 있다고 생각하는 자만심을 가진 사람들이다. 그들은 자신만만해서 이렇게 말한다. "하나님, 어제까지는 제가 실패했지만, 오늘 예배를 통해 주신 은혜로 나가서 승리하겠습니다. 하나님의 힘을 공급해주셔서 감사합니다. 제게 은혜를 주시느라 많이 지치셨을 텐데, 잠깐 교회에서 쉬고 계세요. 제가 싸우고 올게요."

우리는 충전기 신앙으로 살지 못한다. 그저 날마다 하나님과 동행해야 한다. 우리는 하나님의 강함과 승리로 살아가는 것이다.

무엇을 말할 수 있는가?

Q. 주일예배를 드리고 나면 힘이 충전되는 느낌인데, 며칠 못 가서 힘이 빠지는 것 같아요.

A. 우리는 기도할 때 "하나님, 힘을 주세요. 승리하게 해주세요. 이기게 해주세요. 성공하게 해주세요"라고 강청한다. 비슷한 듯 보이지만 근본은 아주 다를 수 있다. 승리는 하나님의 것이다. 능력은 하나님께 있다. 그렇기 때문에 우리는 하나님의 승리를 구하고 그분께 순종하는 것이다.

"강해지세요. 이기세요"라는 말은 세상의 논리와 때로 다르지 않다. 우리는 철저히 예수님의 승리를 덧입어 사는 존재라는 사실을 명심해야 한다. 내가 싸우는 것이 아니라 주님이 싸우시는 것이다. 우리는 주님을 의지해야 한다. 세상 논리를 덧입고, 나의 의지를 덧입고, 긍정 마인드를 덧입어 마치 그것이 복음인 양 착각하는 순간 우리는 예수님을 밀치고 그 자리에 내가 서 있게 된다.

우리의 말과 표현은 복음으로 더 정확해져야 한다. 그래야만 우리의 실생활이 신앙의 본질과 의미에 더 근접해진다.

8. 복음은 '남'을 잘되게 하는 것이다

> 하나님이 주신 복의 종착역은
> 내가 아니라 남이다.

예수님이 이 땅에 와서 행하신 일은 자신을 위한 것이 아니었다. 그분은 스스로를 잘되게 하려고 오시지 않았다. 자신을 위해 더욱더 큰 힘과 능력을 얻어내려 하시지 않았다. 예수님을 따르는 삶을 살기 원한다면, 나보다 남이 잘되게 하는 복음의 원리를 이해해야만 한다.

너희 안에 이 마음을 품으라 곧 그리스도 예수의 마음이니 그는 근본 하나님의 본체시나 하나님과 동등됨을 취할 것으로 여기지 아니하시고 오히려 자기를 비워 종의 형체를 가지사 사람들과 같이 되셨고 사람의 모양으로 나타나사 자기를 낮추시고 죽기까지 복종하셨으니 곧 십자가에 죽으심이라(빌 2:5-8).

많은 성도가 영향력을 갖기 원한다. 영향력이 있어야만 선한 일을 할 수 있다고 생각한다. 내가 잘 풀려서 돈을 잘 벌고 지위를 갖추면 그때 가서 하나님을 위해 더 많은 일을 할 수 있다고 생각한다.

이 논리를 역으로 풀어보면, 하나님은 우리가 가진 돈과 지위에 의존하신다는 말이 된다. 내가 돈이 없고 지위도 갖추지 못한, 세상적인 관점에서 볼 때 초라한 모습이라면 하나님도 역사하실 수 없다는 의미가 된다.

우리는 빌립보서 2장 말씀을 눈으로 읽고 귀로 듣지만, 복음의 원리는 늘 거절한다. 즉 예수님이 하나님이심에도 불구하고 그 힘과 능력을 사용하시지 않고 죄인의 자리에서 십자가를 지셨다는 사실을 지식으로만 알 뿐, 자신은 실제로 힘과 능력을 갖춰야 한다고 생각한다. 성경을 보고 듣는 것과 실제 신앙은 이렇게 다르다.

마태복음 2장을 보면, 예수님은 부모와 함께 애굽으로 피신하셨다. 당시 헤롯왕이 아기 예수를 죽이기 위해 베들레헴과 그 모든 지경 안에 있는 남자 아기들을 두 살부터 그 아래로 다 죽이라고 명령했기 때문이다. 베들레헴과 주변 도시는 눈물바다가 되었다. 애곡하는 소리가 넘쳐났다. 예수님은 헤롯왕이 죽은 후에도 혹시 모를 위험을 대비해 갈릴리의 작은 동네 나사렛으로 피신하셨다.

마태복음 2장 내내 예수님은 너무 무력하시다. 인간 중에서도 가장 힘없는 아기, 헤롯왕이라는 권력 앞에서 이리저리 도망 다니는 존재이시다. 그러나 마태는 계속해서 이 모든 일의 이면에 계시는 하나님의 손을 드러냈다. 이사야와 예레미야와 또 다른 선지자들을 통해 드러난 하나님의 뜻이 모두 이뤄지고 있음을 선포했다.

우리 눈에는 무력한 아기 예수의 모습이지만, 하나님은 그분의 일을 계속 이뤄가고 계셨다. 내가 잘돼야 남을 도울 수 있다는 생각은 복음적이지 않다. 특별히 예수를 통해 구원받은 하나님의 백성은 "이미 잘되었다!"는 기쁨의 선언을 할 수 있는 존재다. 마틴 로이드존스는 『앤솔러지』라는 책에서 이렇게 말했다.

"여러분은 자신이 뭔가를 포기했다고 생각하지 마십시오. … 손해나 희생이나 고난이라고 생각하지 마십시오. 절대로 이러한 용어들을 사용해서는 안 됩니다. 여러분은 잃을 것이 아무것도 없습니다. 오히려 모든 것을 얻었습니다."

세상적인 것을 포기하거나 손해를 감수하지 않고는 복음적인 삶을 살 수 없다. 예수님의 삶은 포기하고 손해 보는 삶이었다.

다윗과 골리앗의 싸움에서 다윗이 승리했다. 그런데 다윗의 승리가 곧 모든 이스라엘 백성의 승리가 되었다. 그 승리의 혜택이 이스라엘 전체에게 돌아갔다. 다윗은 스스로 왕이 되기 위해서 골리앗과 싸운 것이 아니었다. 골리앗을 이겨서 이스라엘의 통치자가 되려는 마음이 전혀 없었다. 그저 하나님을 모욕하는 골리앗을 혼내주려는 생각뿐이었다. 그렇기 때문에 다윗은 자신의 승리가 모든 이스라엘의 승리가 된 것을 억울해하지 않았다.

다윗은 남을 잘되게 한 대표적인 사람이다. 그는 갑옷과 칼도 없이 그저 돌멩이만 쥐고 있었다. 하지만 그의 초라함은 남을 잘되도록 돕는 데 전혀 문제가 되지 않았다. 돌멩이만으로 충분했다.

복음은 그 자체로 운동력이 있다. 운동력은 힘보다 방향이 중요하다. 능력은 하나님께 있으니, 우리는 복음이 가고자 하는 방향을 향해 있으면 된다. 그러나 내가 영향력을 갖추려다 보면 때로 복음이 가려는 방향과 어긋날 수 있다. 복음과 반대 방향으로 가는 것은 본능에 끌려가는 것이다. 하나님의 뜻보다는 자기 욕심에 이끌리는 것이다.

우리는 자기 자신이 영향력을 갖춰야 복음이 능력 있게 전해질 것이라고 착각한다. 그러나 진정 남이 잘되게 하려면 복음이 움직이는 방향으로 제대로 서서 하나님의 능력으로 움직이면 된다.

많은 개척 교회가 우선 살아남아야 하는 생존을 걱정한다. 개척 교회라서 할 수 없는 일을 먼저 목록화한다. 개척 교회와 오래된 교회, 소형 교회와 대형 교회 등의 구분은 사실 복음을 전하는 조건과 아무 상관이 없다. 복음 위에 세워진 복음 중심의 교회라면 크든 작든, 오래되었든 개척 교회든 남이 잘되게 하는 일에 매진해야 한다.

복음이 가려는 방향으로 가야 한다. 내 교회가 먼저 커져야 한다는 생각을 버려야 한다. 그것은 전혀 복음적이지 않다. 복음은 헤롯왕과 같은 힘과 권력을 통해 움직여지기를 거부한다. 복음은 오히려 하나님의 본체를 버리고 낮고 천한 이 땅에 오신 예수님을 전적으로 받아들이는 것이다.

무엇을 말할 수 있는가?

Q. 예수 믿고 잘됐다는 말을 들어야 하나님도 좋으신 것 아닌가요? 누이 좋고, 매부 좋고!

A. 우리가 복음의 결과에 집착하게 되고, 내가 스스로 이겨야 한다는 논리에 빠지게 되는 명분이 바로 여기에 있다. 내가 잘돼야 남을 도울 수 있다는 것이다. 그러나 정직하게 마음을 들

여다보면 남을 돕는 데 초점이 있기보다, 그것은 명분에 지나지 않고, 내가 잘되는 데 급급한 경우가 많다. 원하는 대학에 붙어야 영광이고, 좋은 회사에 취직되어야 영광이고, 성공해야 영광이라는 논리는 지극히 비성경적이다. 우리의 언어에서 이런 기도, 이런 고백, 이런 식의 전도는 사라져야 한다.

"저는 지금의 은혜에 감사합니다", "하나님 때문에 오늘도 기쁩니다"라는 고백이 내 주변 사람들에게 들려야 한다. 지금 이 모습 그대로 하나님께 감사하며 남을 위해 살아야 진짜 복음이 움직이는 삶인 것이다.

9. 우리가 먼저 구원받은 이유는 '복음 전파'다

> 계주에서 바통을 받았으면 넘겨야 이긴다.
> 복음 전파는 계주다.

신앙의 궁극적인 목표는 성화가 아니라 복음 전파다. 성령의 열매를 맺는 것이 종착점이 아니다. 나만을 살찌우는 비만 신앙은 복음을 왜곡한다. 복음이 내 안에 머물러만 있다면 무슨 의미가 있겠는가? 우리는 성화된 삶으로 본을 보이며 누군가 우리 안에 있는 소망을 물어볼 수 있는 존재가 되어야 한다.

인대인의 최종 목표는 복음을 가진 자들을 통해 복음이 전해지는 것이다. 내가 갖고 있는 예수님의 이야기를 누군가에게 들려주고 알리는 것이다. 그들도 예수님의 이야기를 자신의 이야기로 받아들이도록 하는 것이다. 그리고 복음을 통해 구원에 이를 뿐 아니라 삶의 변화를 경험하게 하는 것이다.

　이를 위해서는 먼저 복음을 들은 성도들이 자신의 정체성을 분명히 해야 한다. 또한 복음 안에서 한 가족 된 공동체가 서로 사랑을 실천해야 한다. 각 성도에게는 복음이 진짜임을 증명해야 할 책임이 있다. 결국 인대인은 예수님이 이 땅에 오셔서 우리에게 행하신 모든 일을 우리가 공유하는 데 목적이 있다.

　초대 교회는 예수님의 이야기가 끊임없이 풍성한 공동체였다. 그들이 가는 곳이라면 어디서나 '예수'라는 이름이 들렸을 것이다. 예수의 이름은 점점 더 멀리 전해졌고, 로마 전역에 그분의 이름과 이야기가 회자되었을 것이다. 오늘 우리가 회복해야 하는 것은 바로 이러한 사도행전적 성도의 모습이다.

무엇을 말할 수 있는가?

Q. 결국 나랑 내 가족 잘되자고 믿는 것 아닌가요? 다들 그러잖아요.

A. 우리는 복음이 자꾸 나에게로 귀결되는 경향이 있다. 하나님이 주시는 모든 은혜도 내게로 귀결된다. 자꾸 누리려고만 하고 받으려고만 한다. 하지만 하나님이 우리를 먼저 구원하신 이유를 명확히 알면 내게 주어진 하나님의 복에 멈추지 않고 계속 움직이게 된다.

우리는 물탱크와 같다. 물의 근원, 즉 물을 주시는 분은 하나님이시고, 우리는 물을 담는 탱크다. 그런데 물이 물탱크 안에만 머물러 있으면 썩어버린다. 수도꼭지를 틀어 시원한 생수가 나오도록 하는 것이 우리의 역할인 것이다. 그래서 주는 것을 아까워하면 안 된다. 곧 다시 채워질 것이기 때문이다. 먼저 복음을 만난 나의 사명은 내가 아는 것을 전하고, 귀한 복을 나누는 것이다. 계속 퍼주는 것, 그리고 맑은 물을 유지하는 것이 우리의 역할이요, 복이다.

우리는 '나의 이야기'를 통해
아무런 질문과 고민 없이 무작정 받아들이기만 했던
나와 교회에 대한 거짓과 오해들을 확인했다.
그리고 나의 인생을 통해 하나님이 말씀하시고 개입하신 이야기를 되돌아봤다.
또한 '그분의 이야기'를 통해 복음이 이 모든 것의 토대가 될 뿐 아니라
하나님이 말씀하시고 기대하시는 삶을
살게 해주는 원동력이 된다는 사실을 이해했다.

이제 '우리의 이야기'에서는 하나님의 눈과 복음의 정수로 새롭게 된 나의 삶으로
다른 이들에게 어떠한 영향을, 어떻게 실제적으로 미칠 수 있을지를 살펴볼 것이다.
하나님이 그들 가운데 일하고 계심을 주목하고,
나의 이야기를 통해 관계를 맺은 그들의 이야기를 발견함으로써
복음을 써나가시는 하나님의 역사를 바라보기 원한다.
'나만의' 이야기, '너만의' 이야기가 아닌 '우리의' 이야기를
더 풍요롭게 확장해가며 더 깊은 기쁨과 소망을 맛보게 될 것이다.

PART. 4

우리의 이야기
(Our Story)

'나만의', '너만의' 이야기가 아닌 '우리의' 이야기로

**제일 싫어하는 두 부류,
한국 사람들과 교회 다니는 사람들**

내가(진영훈 목사) 사는 오리건주 작은 어촌에는 한인들이 많지 않다. 한국 마켓을 한 번 가려 해도 2시간을 운전해야 하기에 진작부터 몇 가지는 포기했다. 예컨대 비 오는 날 칼국수가 갑자기 당긴다 해도, 칼국수 면을 사러 왕복 4시간 길을 나서기란 쉽지 않다. 대신 부엌 찬장에 고이 모셔둔 봉지 라면을 꺼내 억지스러운 '소확행'을 누리곤 한다.

그러던 중 우리 동네에 젊은 한인 부부가 일식집을 개업했다는 '복음(?)'을 접했다. 얼마나 반갑던지! 그러나 설렜던 마음이 순식간에 초조함으로 바뀌고 말았다. 여사장님이 우리에게 던진 첫 인사말 때문이었다.

"저희가 제일 싫어하는 두 부류가 한국 사람들, 그리고 교회 다니는 사람들이에요."

우리가 한국인인 것은 이미 알아버렸으니, 크리스천인 것만큼은 절대 들켜서는 안 된다는 눈빛을 아내와 얼른 주고받았다. 약속이나 한 듯 우리는 평생 가장 자연스럽고도 짧은 식사 기도를 눈을 뜬 채 얼른 속으로 해버렸다.

나는 그저 교회 다니는 사람도 아닌, 다른 사람들을 교회에 나오도록 권하는 목사가 아닌가? 그렇지만 야구와 달리 이 식당에서는 투 스트라이크면 아웃일 테니, 모처럼 찾아온 일상의 소소한 행복을 놓치지 않으려면 말과 행동을 더욱 조심해야겠다고 다짐했다.

그러면서도 한편으로 계속 맴도는 질문이 있었다. '식당 주인은 왜 두 부류의 사람들을 그토록 싫어하는 것일까? 얼마나 싫었으면 한인들이 거의 살지 않는 바닷가 시골 마을에다 조그마한 식당을 차렸을까? 얼마나 치가 떨렸으면 처음 만난 한인, 그것도 손님으로 찾아온 우리에게 그 말부터 했을까?'

잠깐의 대화였지만, 식당 주인 부부가 한인들과 크리스천들에게 그간 받아온 부정적인 인식과 경험이 적지 않음을 느끼기엔 충분했다. 미국 이민 사회에서는 한인과 크리스천의 교집합 비율이 굉장히 높다. 그렇기에 실상은 한인보다는 크리스천들에 대한 실망과 적개심을 표현한 것이라는 사실을 어렵지 않게 알아챌 수 있었다.

이것은 비단 미주 한인 사회에만 국한된 문제는 아닐 것이다. 한국 사회도 기독교에 대한 부정적인 인식이 이미 일반화된 것처럼 보인다. 신문 사회 면이나 뉴스에 교회나 목사 혹은 기독교에 대한 소식이 떴다 하면 내용을 확인하기도 전에 가슴부터 철렁 내려앉은 적이 한두 번이 아니었다. 기사 밑에 달린 댓글 확인을 그만둔 지는 오래다.

우리는 스캔들에 휩싸인 몇몇 유명한 교회들이나 목회자들을 비난하며 그들 때문에 전도의 문이 막힌다고 탓하기도 한다. 하지만 더 큰 책임은 우리 대다수 크리스천들에게 있다. 세상 사람들이 일상생활 가운데 주로 보고 경험하는 대상이 몇몇 목회자나 그들이 출석하지도 않는 교회가 될 수는 없기 때문이다.

어디선가 "우리는 사람들에게 성경을 선물할 수는 있어도 억지로 읽게 만들 수는 없다"는 말을 들은 적이 있다. 하지만 그들이 우리를 읽게는 할 수 있다. 우리가 걸어다니는 성경이 되고, 우리의 삶이 그들이 볼 수 있는 성경의 내용이 되면 가능하다. 이 말은 우리가 성경을 줄줄 외워 기회가 있을 때마다 인용하라는 뜻이 아니다. 우리의 언행과 얼굴 표정, 사람을 대하는 태도와 선택의 기준들이 하나님의 말씀과 뜻을 드러낸다면 사람들이 우리를 통해 하나님의 말씀을 읽을 수밖에 없다는 의미다.

사람들은 유령이 아닌 선물들이다

나의 아버지는 참 훌륭한 목회자셨다. 사랑이 많고 인격이 탁월한 아버지를 보고 자랐기에 이 세상의 모든 목회자가 다 아버지와 같은 줄 알았다.

아버지는 대구에서 목회를 하실 때 당시에는 좀처럼 찾아보기 힘들었던 특수 목회를 여러 번 시도하셨다. 장애인들을 위한 사역이 그중 하나였다. 부끄러운 사실이지만, 예전에 우리나라는 가족 중 장애인이 있으면 집 안에 꼭꼭 숨겨두곤 했다. 형제들의 혼삿길이 막힌다는 이유에서였다.

지체장애나 정신장애가 부끄러운 결함으로 인식되었던 시대에 아버지는 장애인을 향해 교회의 문을 활짝 여셨다. 자리에 누워만 있던 중증 장애인들을 승합차에 태워 여수 애양원에 가서 수술을 받도록 도와주셨다. 한두 번 수술을 받으면 목발을 짚고 걸을 수 있는 정도가 되었다. 당시 국내에서는 휠체어를 찾기가 힘들었기 때문에 미국에 있는 어느 장로님께 연락해 중고 휠체어를 많이 구입한 후 장애인들에게 나눠주셨다. 많은 사람이 처음으로 집 밖을 자유로이 다니고 교회에도 매주 나오게 되었다. 그 기쁨과 감격이 어떠했겠는가!

아버지는 교회란 무릇 남녀노소, 그리고 장애인과 비장애인 할 것 없이 모두가 함께 어우러지는 곳이라고 믿으셨다. 따라서 그들을 섬기기 위한 부서를 따로 조직하셨지만, 주일예배는 반드시 함께 드리게 하셨다. 그렇게 예배를 드리기 시작한 이들의 수는 얼마 지나지 않아 1,000여 명에 달했다. 그만큼 숨어 지내는 장애인들이 많았다는 이야기다.

장애인들이 많이 오고 가니 동네 사람들 중 어떤 이는 집값이 떨어진다며 교회 창문에 종종 돌을 던지기도 했다. 하지만 아버지는 아랑곳하지 않으셨다. 그들에게 직업 교육을 제공해 자립할 수 있는 기반을 마련해주셨고, 결혼을 시켜 가정을 이루게 도우셨으며, 몇 명은 신학 교육을 받게 해 목회자로 세우기도 하셨다.

아버지가 돌아가시고 빈소가 차려진 곳은 대구의 한 병원 2층이었다. 엘리베이터가 없어 불편한 몸으로 계단을 이용해 조문하러 오신 그분들의 모습이 지금도 기억에 또렷이 남아 있다.

아버지는 장애인들뿐 아니라 이미 30여 년 전부터 외국인 근로자들과 말기 암 환자, 그리고 그 가족들을 돕는 사역도 함께 하셨다. 지금은 많은 교회가 하고 있지만, 당시로서는 거의 선구자와 같은 사역들이었다. 아버지는 묵묵히 그 일들을 해나가셨다.

어떤 분들이 아버지더러 "시대를 앞서가는 비전이 탁월하십니다" 하고 추켜세우면, 아버지는 이렇게 말씀하시곤 했다. 그 대답이 지금도 내 마음에 깊은 감동으로 새겨져 있다. "제가 특별한 의식이 있고 대단한 비전이 있어서 그런 사역을 했던 것이 아닙니다. 그것은 하나님의 선물이었습니다. 하나님이 우리에게 보내주신 이들을 사랑하고 도우려다 보니 자연스레 감당하게 된 축복의 선물입니다."

정말 맞는 말 아닌가? 어떤 대의와 비전을 이루고자 시도한 일이 아니라, 하나님이 이미 우리 주변에 허락하신 사람들, 우리에게 선물로 주신 영혼들을 관심을 갖고 살피다 보니 자연스레 마음이 가고 당연히 열매를 맺게 되었다는 것이다.

우리가 인대인을 통해 추구하고 또 서로 권면해야 하는 '우리의 이야기'의 시각과 자세가 바로 여기 있다. 거창한 사명과 대단한 비전을 품고, 막연한 대상을 향해 비현실적인 기대와 생각을 품는 것이 아니다. 이미 우리 주변에는 하나님이 고르고 골라 보내주신 이들이 많다.

우리는 일상 속에서 언제나 유령 같은 존재, 실체 없는 허상처럼 여겨 그냥 지나쳐버렸던 인생들을 이제 제대로 보고 온전히 듣기 시작해야 한다. 그들과 나 사이에 성령님이 계신다는 사실을 알아야 한다. 하나님이 바라보시는 눈으로 그들을 다시 바라봐야 한다. 단지 물건값을 계산하는 사람이나 택배를 배달하는 사람이 아니라, 주님이 품으시는 영혼으로 대해야 한다.

어떤 대의명분을 이루기 위한 수단이 아니라, 그 사람 자체를 목적으로 삼아야 한다. 왜냐하면 그들은 하나님이 우리 각자에게 선물처럼 허락하신 이들이기 때문이다. 그리고 그들 모두의 이야기는 각자 다르고, 독특하며, 그 자체로 의미 있고, 하나님께 소중하기 때문이다.

내 주변 사람들은 실체 없는 유령들이 아니라 의미 있는 선물들이다. 김민정 목사는 『당신을 위해 오랫동안 준비된 선물』이라는 책에서 복음이 하나님의 선물이라고 말했다. 또한 내가 받은 선물을 다른 사람들도 받아 그 기쁨을 누리게 하는 것이 전도이자 성도의 삶이라고 했다.

그런 면에서 선물로 받은 '그분의 이야기'인 복음과, 복음 때문에 새로워진 내 삶의 이야기, 그리고 그 삶을 발견하게 된 과정이 담긴 '나의 이야기'를 하나님이 내 삶 가운데 두신 사람들과 함께 나누는 것이 인대인이다. '우리의 이야기'를 함께 풍성하게 만들어가는 것이 인대인의 목적이다.

그렇다고 '나의 이야기'와 '그분의 이야기'를 사람들에게 일방적으로 전하는 것이 '우리의 이야기'라는 뜻은 아니다. 모든 관계는 소통으로 이뤄지고, 소통은 서로에 대한 진심 어린 이해에서 시작된다. 이를 위한 두 가지 중요한 기준을 소개하겠다.

첫째, 듣는 것부터 시작해야 한다.
둘째, 하나님이 나를 대하시듯 다른 이를 대해야 한다.

02 듣는 것부터 시작해야 한다

사람은 공감에 목말라 있다

사마천의 『사기』(史記)에는 내가 어려서부터 좋아하던 글귀가 나온다.

"사위지기자사(士爲知己者死), 여위열기자용(女爲悅己者容)."

이 문구는 '선비는 자기를 알아주는 사람을 위해 목숨을 바치고, 여인은 자기를 사랑하는 사람을 위해 화장을 한다'는 뜻이다. 예양의 일화와 그 시대상을 배경으로 한 표현으로, 근본에 깔려 있는 메시지는 '누구나 인정을 원한다'가 아닐까? 여기서 인정은 칭찬과는 다르다. 오히려 공감에 더 가까울 것이다.

'공감'은 '남의 감정, 의견, 주장 따위에 대해 자기도 그렇다고 느끼는 것'이라고 정의된다. 영어로는 'sympathy' 혹은 'identify with'라고 한다. 결국 다른 사람의 입장에 나 자신을 두어 그의 상황, 생각, 느낌을 이해하고자 하는 것을 의미한다. 사람은 누군가가 자신을 진정으로 이해하고 공감해줄 때 삶의 의미와 목적을 발견하게 된다.

하나님을 처음 만났을 때 혹은 은혜 받았을 때를 기억해보라. 각자 상황이 다르고 여러 가지 모습과 방법을 통해 하나님과의 만남과 은혜를 경험했겠지만, 핵심은 동일하다. 사랑이신 하나님이 나를 아시고 사랑하신다는 사실을 깨달은 것이다.

> 혹 네가 하나님의 인자하심이 너를 인도하여 회개하게 하심을 알지 못하여 그의 인자하심과 용납하심과 길이 참으심이 풍성함을 멸시하느냐(롬 2:4).

우리를 회개로 이끄는 것은 재판관 되시는 하나님의 무서움이 아니라, 사랑이신 하나님의 인자하심이다. 나의 문제와 갈등, 한계와 절망 속에서 나를 아시고 이해하시는 하나님을 만나고 깨달을 때 우리의 삶은 변한다. 혹 상황과 문제는 바뀐 것이 없다 할지라도 바라보는 관점이 바뀐다. 자기 자신과 삶을 바라보는 눈이 달라질 때 의미와 목적 또한 새로워진다.

우리에게 있는 대제사장은 우리의 연약함을 동정하지 못하실 이가 아니요 모든 일에 우리와 똑같이 시험을 받으신 이로되 죄는 없으시니라(히 4:15).

여기서 '동정'은 영어로 'sympathy'이며, '공감'의 다른 표현이다. 개역한글 성경에는 '체휼'이라고 번역되어 있다. '함께 체험하여 불쌍히 여긴다'는 뜻이다. 헬라어 'sumpatheo'는 '함께'라는 뜻의 'sum'과 '경험'이라는 뜻의 'patheo'가 합쳐진 단어로, '함께 경험하다, 겪는다'는 의미다.

예수님이 십자가에 달려 죽으신 이유는 우리의 죗값을 대신 치르시기 위해서만은 아니었다. 우리와 같은 육체를 입고 직접 경험해야만 비로소 아실 수 있기 때문도 아니었다. 어쩌면 우리가 '주님도 아실 거야! 체휼하여 공감하실 거야!' 하며 우리의 수준에서 하나님의 공감을 직접 이해할 수 있도록 배려해 주신 것은 아닐까?

누군가 나를 공감하거나 이해하고 있다는 사실을 아는 것에는 이처럼 놀라운 능력과 영향력이 있다. 우리 모두는 공감에 목말라 있다. 인대인은 하나님이 모든 사람에게 넣어주신 공감과 이해에 대한 갈증을 인정하는 데서 시작한다. 그리고 그 갈증이 하나님의 방법과 뜻대로 채워져야 하며, 하나님이 우리를 그 통로로 초대하셨음을 이해하는 것이다. 그 부르심에 반응하는 것이다.

공감의 능력을 선천적으로 많이 갖고 있는 사람도 있겠지만, 근본적으로 이것은 우리의 의도적인 선택을 필요로 한다. 진정으로 듣고자 하는 의도와 선택 말이다.

경청하는 습관을 가지라

흔히 '듣는 것'(hearing)과 '경청하는 것'(listening)은 다르다고 한다. 경청을 '적극적 듣기'라고도 하는데, 그 이유는 듣고자 하는 자세와 의지가 중요하기 때문이다. 『모험으로 사는 인생』의 저자인 스위스의 정신과 의사 폴 투르니에는 다음과 같이 말했다.

> "우리는 다른 사람의 말을 절반만 듣고, 들은 것의 절반만 이해하며, 이해한 것의 절반만을 믿는다. 그리하여 마침내는 믿은 것의 절반만을 겨우 기억할 수 있게 된다."

경청이 얼마나 어려우며 의지적인 노력과 훈련을 필요로 하는지를 말해준다. 경청은 저절로 되지 않는다. 솔직히 목회에서 가장 어려운 것 중 하나가 경청이다. 어떤 경우에는 성도의 이야기를 듣는 것이 너무나 힘든 나머지 허벅지를 손으로 꼬집으며 버티기도 한다. '들어주는 것 자체가 사역이다'라고 스스로를 달래며 열심히 듣지만, 사실 마음은 딴 곳에 가 있을 때도 있다.

무엇이 문제인가? 그냥 듣는 것이라면 크게 힘든 문제가 아니다. 하지만 경청은 종종 어렵다. 가장 큰 이유 중 하나는 공감되지 않는 이야기를 들어야 하기 때문이다. '왜 이 이야기를 하다가 전혀 상관없는 말을 하지? 왜 그렇게 길게 설명하지? 핵심만 간추려서 본론만 이야기하는 게 그렇게 어렵나? 뭐가 그리 중요한 문제라고 나에게 이야기하지? 그 정도는 스스로 간단히 해결할 수 있지 않나?' 내 입장에서 미리 판단해버리고, 내 관심사에서 벗어났다고 생각하니 공감이 되지 않는 것이다. 그러니 듣는 것이 고역이다. 그러니 경청이 되지 않는다.

하지만 바꿔서 생각해보자. 혹 내가 경청하지 않기 때문에 공감되지 않는 것이고, 공감되지 않기에 듣고 싶지 않은 것은 아닐까? 사람들은 대부분 나와는 다른 성장 배경과 가치관, 그리고 성격과 의사 표현 방식을 갖고 있다. 따라서 나와 다르게 생각하고, 다른 것을 본다. 나에게 편하고 익숙한 방식이 아닌 다른 방식으로 소통한다. 그러한 이유로 공감이 필요하고, 이를 위해 경청해야 하는 것이다. 나와 다른 방식을 가진 사람을 온전히 이해하려는 목적을 갖고 상대방의 마음에 귀를 기울이기로 선택할 때 비로소 그의 이야기가 들리고 깨달아진다.

스티븐 코비는『성공하는 사람들의 7가지 습관』중에서 다섯 번째 습관으로, "먼저 이해하고 다음에 이해시켜라"라고 말한다. 그에 따르면, 사람들은 보통 자기 자신이 하고 싶은 말에만 관심이 있고, 자기 뜻을 이해시키고 관철시키는 것에만 집중하는 경향이 있다. 그렇기에 그 본성에 반하는 새로운 습관이 필요한데, 바로 상대방을 먼저 이해하는 것이다.

어쩌면 상대방을 진정으로 이해하기만 해도 많은 문제가 해결된다. 공감이 생기고, 신뢰가 쌓이며, 관계가 깊어져 서로에게 의미 있는 영향을 주고받을 수 있게 되는 것이다.

누군가가 "경청은 내가 대답할 것을 생각하지 않고 듣는 것이다"라고 말했다. 참 공감이 가는 말이다. 우리는 답을 달아주기 위해 경청하는 것이 아니다. 대부분의 경우에는 상대방의 마음을 이해하고 들어주는 것만으로도 치유와 회복이 일어난다. 아니, 그런 결과물이 없어도 그 자체로 충분한 만남이 된다.

그런데 우리는 목적 지향적이고 열매 지향적이어서, 내가 어떤 역할을 해줘야 한다는 강박을 갖고 있다. 그래서 마음속으로 '이 사람이 말을 마치면 어떤 멋진 신앙적인 조언을 해줄까?'를 고민한다. 이 과정 자체에서 이미 우리는 순수성을 잃은 것이다. 상대방의 내면의 소리를 알아차리기 전에 이미 답에 집중하기 때문이다. 다음은 김민정 목사의 이야기다.

"아들이 사춘기를 지나면서 다툼이 잦았다. 나는 아들이 원하는 것을 웬만하면 다 들어줬다. '안 돼!'라는 말 대신 가능하면 '좋아'라는 허락의 말을 하고 싶었다. 그래서 조금 무리한 요청에도 언제나 '너 좋을 대로 해'라고 말하곤 했다.

불만이 쌓인 어느 날 아들과 앉아 대화를 하는데 아들은 내가 언제나 자신이 하는 것을 싫어했다고 말했다. 나는 정색을 하며 '내가 언제 그랬냐? 나는 너에게 언제나 좋을 대로 하라고 말했다'며 반박했다. 그때 아들은 말했다. '엄마는 입으로는 허락했지만 온몸으로 안 된다고 말했다'고.

내 내면의 거절감을 읽은 것이다. 이게 사람이다. 말로는 좋다고 말하고 있지만 온몸이 싫다고 말하는 것을 감지하는 게 인간이다. 이처럼 인간은 말만이 아니라 온몸으로 말을 한다. 자신의 내면을 표출하는 것이다."

우리는 경청을 하며 상대방이 몸으로 말하는 것을 알아듣기 위해 노력해야 한다. 그의 마음이 어떠한지를 알아주는 것, 이를 위해 머리를 굴리지 않고 집중하는 것이 진정한 경청이다.

이처럼 다른 사람의 생각과 마음을 추측할 수 있는 능력의 정도를 '공감 정확도'라 부른다. 공감 정확도와 관련해 흥미로운 연구 결과가 있다. 일반 사람들과의 관계에서보다 가족들, 특히 배우자와의 사이에서 공감 정확도가 낮았다. 그리고 결혼 기간이 길수록 수치가 오히려 떨어졌다.

상식적으로 생각할 때 누구보다 많은 세월을 함께 보낸 배우자야말로 시간이 지날수록 서로에 대한 이해와 공감이 깊어져야 하는 것 아닌가? 그런데 조사 결과는 정반대였다. 이유는 결혼한 지 오래되었다 하더라도 서로를 진정으로 이해하고 공감하려 노력하기보다 결혼 초기에 형성된 고정관념으로 배우자를 미리 판단하기 때문이라고 한다.

그저 육체적으로 오랜 시간 함께 있다고 해서 저절로 서로를 이해하고 공감할 수 있게 되는 것은 아니라는 사실을 알 수 있다. 오히려 배우자에 대해 이미 형성된 부정적인 고정관념이 서로를 향해 진심으로 듣고자 하는 마음과 의지를 제거해버리는 것이다.

따라서 경청에 있어서는 상대방에 대한 선입견과 판단하는 마음을 내려놓는 것이 중요하며, 이를 위해 서로의 다름을 인정하는 자세가 필요하다.

그리고 나서 해야 하는 또 하나의 중요한 경청이 있다. 하나님께 상대방에 대해서 묻고 듣는 것이다. 우리는 인간이기에 말로 표현하는 것에 집중하고, 내면의 표현을 알아차리기가 쉽지 않다. 알아차렸다 하더라도 그것이 상대방에게서 들은 가장 정확한 내용이라 확신할 수 없다. 때로는 자기도 스스로의 문제를 잘 모르기 때문이다.

우리는 하나님의 자녀다. 따라서 우리의 만남은 상대방이 성도이든 아니든 영적일 수밖에 없다. 아니, 영적이어야 한다. 그러므로 우리는 하나님이 그 사람을 어떻게 바라보고 계신지를 경청해야 한다. "하나님, 그 사람이 힘들어합니다. 그에게 정말 필요한 것은 무엇입니까? 하나님은 어떻게 생각하십니까? 제가 그 사람을 어떻게 도울 수 있을까요?"라고 물어야 한다.

하나님의 형상을 가진 우리는 하나님과 교통하며 그분의 뜻을 알 수 있는 시스템을 장착하고 있다. 나와 교제하시며 내게 알려 주시는 하나님의 내면의 인도하심을 충분히 받을 수 있다. 그래서 어쩌면 내가 놓쳤을 상대방의 내면의 중요한 문제에 대해서 그를 만드신 하나님께 묻는 일은 매우 중요하다. '아! 그 사람은 실직했으니까 취직을 위해 기도하면 되겠구나'가 아니다. 어쩌면 그는 취직보다 더 급한 마음의 문제를 갖고 있을 수 있다.

진정한 인생 대 인생의 만남을 위해 우리는 무엇보다 두 종류의 귀를 열어 들을 준비를 해야 한다.

다름을 인정하라

다른 사람을 진정으로 이해하고 공감하고자 귀를 열고 경청할 때 기억해야 하는 한 가지가 있다. 우리가 서로 다르다는 사실을 인정하는 것이다. 사실 경청의 목적도 상대방을 있는 모습 그대로 이해하기 위해서가 아닌가?

이를 위해서 우리는 귀뿐 아니라 마음도 열어야 한다. '다름'과 '틀림'은 똑같지 않다. 다른 것은 틀린 것이 아니다. 틀린 것은 바로잡아야 하지만 다른 것은 바로 알아야 한다. 인정해야 한다. 다른 것을 받아들이지 못하면 일방적인 대화와 강요가 될 뿐 진정한 소통을 이룰 수 없다. 소통을 원한다면 상대방을 이해하는 일부터 시작해야 한다.

요즘 시대에 '나에게 좋은 것이니 너도 무조건 수용해야 한다'는 일방통행식 소통 방식은 전혀 통하지 않는다. 오해만 커질 뿐, 어쩌면 다시는 상대방과 대화할 수 없을지도 모른다.

사춘기 자녀를 둔 부모들은 소통의 고충을 안다. 사춘기 아이들은 '다른 종족'이라고 불릴 만큼 예민하고 독특한 사고방식을 갖고 있다. 가족 사이에서도 문화적인 격차로 인해 생각의 차이가 발생하고, 그것이 갈등의 원인이 되곤 한다.

이해를 돕기 위해서 편의상 다음과 같이 간단히 구분해보겠다. 일반적으로 시대를 구분할 때 '모던 시대'를 중심으로 '프리-모던 시대'와 '포스트-모던 시대'로 나눈다. 나이를 감안해서 구분하자면, 포스트-모던에 가까운 세대가 밀레니얼 세대이고, 모던에 가까운 세대는 밀레니얼 세대의 부모 세대다. 또한 프리-모던 시대에 가까운 세대는 밀레니얼 세대의 조부모 세대다.

교회 공동체 안에서도 이런 구분은 가능하다. 청소년과 청년층이 있고, 부모 세대인 40-60대의 중년층이 있고, 조부모 세대인 60대 이상의 노년층이 있다. 각자가 살아온 환경은 많이 다르다. 특히 최근에는 사회가 하루가 다르게 변하고 있다. "10년이면 강산도 변한다"는 말은 옛말이 되었다. 하루 만에도 세상이 바뀌는 일이 가능해졌다.

교회 공동체 안에서도 세대 간의 갈등은 이미 깊어졌다. 신앙만이 아니라 문화, 사회 현상, 정치를 보는 시각도 급격한 차이가 생겼다. 교회 밖에서도 세대 간 갈등은 심각한 수준에 이르렀다. 나와 다르다는 편견과 혐오가 만연해 있다.

이런 시대에 크리스천들은 세상과 소통하는 방식뿐 아니라 세대 간의 소통 또한 잃어버리고 있다. 아직도 자기들만의 소통 방식을 고집한다면 그것은 구별된 삶이 아니라 사회 속에서 고립을 자초하는 일이 될 것이다. 서로의 소통 방식을 알기 위해서라도 서로를 배우려는 노력이 필요하다.

3개의 세대에 속하는 모든 사람을 두부 자르듯 구분하는 것은 불가능한 일이다. 그저 이 글을 편하게 읽으면서 '그럴 수 있겠구나'라는 공감만이라도 한다면 서로 다른 세대에 대한 이해의 실마리를 찾을 수 있지 않을까 생각한다.

밀레니얼 세대의 조부모(Pre-Modern)

이 세대의 문화적인 특징은 개인의 체면이나 위신을 중요하게 여기고 함께 살아가는 공동체를 중시한다는 것이다. 가장 기본이 되는 가정과 가문이라는 관계를 소중히 여기고, 공동체를 유지하기 위해서 만들어놓은 서로에 대한 예절과 격식을 강조한다.

약속을 잘 지켜야 하고, 남에게 손해를 끼쳐서는 안 되고, 가문의 명예를 손상시키는 일을 금한다. 가정과 가문이라는 공동체가 중요하기 때문에 이 부분에 해가 되는 일에 대해서는 철저하게 선을 긋는다. '가문의 원수'라는 표현이 생겼을 정도로 내 편, 네 편을 분명히 했던 세대다.

이런 문화적 배경이 신앙생활에도 영향을 미치는 것은 당연하다. '이왕 믿기로 했으면 잘 믿어야 한다'는 자기 체면과 위신이 작동한다. 무엇을 지켜야 하고, 무엇을 하지 말아야 하는지를 공부한다. 그리고 자신이 선택한 종교에 위배되지 않도록 최선을 다한다. 새벽에 잠을 아껴 기도하는 일을 중요하게 여긴다. 신앙생활도 최선을 다해서, 정성껏, 열심히 해야 하는 것이라 생각하기 때문이다. 주일예배에 빠지면 안 되고, 담배나 술을 입에 대지 말아야 하고, 십일조를 성실히 드리는 것을 원칙으로 삼고 살아간다.

주일에 교회를 갈 때도 온 가족이 함께 가야 한다. 부모님이 다니는 교회와 다른 교회를 다니는 것은 공동체라는 중요한 가치를 침해하는 일이라고 생각한다. 게다가 부모가 장로이고 권사인데 자녀가 다른 교회에 나간다는 것이 용납되지 않는다. 전형적으로 체면과 위신 문화 아래서 신앙을 바라보는 것이다.

타 종교에 대해서도 용납할 수 없는 악으로 규정한다. 구약시대에 이방 족속을 멸절한 이스라엘 백성처럼, 타 종교는 망해야 할 악이고 불신자는 지옥에 가야 마땅한 악인이라 생각한다. 타 종교와의 전쟁을 선포하고 전쟁을 치러서 승리를 이끌어내는 것을 교회와 성도의 목적으로 여긴다. 불신자들은 무지해서 사탄에게 끌려다니기에 강제적으로라도 교회에 끌고 나와야 한다고 믿는다. 상대방이 원하건 원하지 않건 그들을 정복 대상이라 여기고, 정복 전쟁을 통해 승리하려고 한다.

또한 체면 문화와 공동체 문화가 결합되다 보니 역할이 분명하게 주어지고, 그 역할에 헌신함으로써 공동체에 기여하는 것을 선호한다. 아무런 역할이 없는 것은 수치스러운 일이고 자신의 존재감이 없다고 여겨 견디지 못한다. 장로나 권사 등 직분이나 부서의 수장이 되는 것을 명예로 여기는 경향이 있다. 어찌 보면 한국 교회의 성장은 바로 이러한 시대 문화와 맞물린 성도들의 강한 헌신을 통해 이뤄진 열매일 수 있다.

밀레니얼 세대의 부모(Modern)

이 세대는 조부모 세대에 비해 교육의 혜택을 더 많이 받고 경제적으로도 풍요를 누렸다. 이런 풍요는 '좀 더 편안한 생활'을 추구하는 문화를 만들어냈다. 더 많은 돈을 벌고, 더 좋은 차를 타고, 더 넓은 집에 살고, 더 멀리 여행을 가고, 더 많은 휴가를 낼 수 있는 삶을 꿈꾸게 되었다. 남들이 좀 더 편한 삶을 살고 있는 것을 부러워하고 자신도 그런 삶을 살아야 한다고 생각하는 경향이 있다. '그 사람의 삶'을 '내 삶'과 동일시하려는 문화가 자리잡은 것이다.

이런 문화 속에서 신앙은 개인화가 되었고, 신앙의 목적은 개인 구원에 집중되었다. 예배를 통해 받은 은혜는 자신이 받아 누리는 지극히 개인적인 은혜로 제한되었다. 새벽을 일찍 깨우며, 혹은 밤을 지새워가며 기도하는 내용이 직분에 대한 체면보다는 내 경제적 여유와 내 가족의 편안한 삶에 집중되었다.

교회도 마찬가지다. 내가 다니는 교회가 신앙생활을 하기에 더 편한 환경을 갖추었는지가 중요해졌다. 주차장은 잘 갖춰져 있는지, 주일학교는 잘 운영되는지, 목사의 설교는 은혜가 되는지, 성도는 많은지, 성도들 중에 유력한 인사가 많이 있는지 등이 좋은 교회의 평가 기준이 되었다. 더불어 함께 살아가는 공동체로서 교회의 정체성은 약화되고, 사회 정의나 공적인 교회로서의 역할은 관심 밖이다. 내 교회 하나 잘되는 것이 중요하고, 다른 사람은 신경 쓸 필요가 없고 단지 내 가정, 내 신앙 하나만 잘 추스르면 된다는 생각이 팽배하다.

밀레니얼 세대(Post-Modern)

문화적으로 포스트–모던 세대 사람들은 가치를 따진다. '내가 왜 행동해야 하는가? 왜 이것을 선택해야 하는가?'에 대해서 스스로 납득이 되어야 움직인다. 가치와 동기를 따진다. 이 세대가 잘하는 것은 질문이다. 질문에 대해 답이 필요한 세대다. 또한 이 세대는 무척 개인적이지만, 동시에 공공의 선이나 사회 정의를 중시하며 협업하는 것에 익숙하다.

밀레니얼 세대의 조부모가 "주일에는 꼭 교회에 가야 한다" 혹은 "새벽기도회에는 꼭 가야 한다"고 말하면 그들은 스스로에게 질문한다. '왜 가야 하지? 신앙생활을 잘하기 위해서 꼭 교회에 가야 하나? 주일만 중요한가?' 밀레니얼 세대의 부모가 "열심히 기도해야 물질의 축복을 받고 인생이 순탄해진다"고 말하면 그들은 또 스스로에게 질문한다. '돈이 그렇게 중요해? 나만 잘사는 게 그렇게 중요해?'라고 말이다.

이 세대는 차별을 싫어한다. 어른들이 혼전 순결을 강조하고, 동성애자들에 대해 차별적 발언을 서슴지 않는 것에 대해 극도로 예민하게 반응한다. 그렇게 말하는 부모를 이중적인 사람으로 본다. 자기 유익만 생각하는 이기적인 사람으로 여긴다.

이 세대는 더욱 가치 있는 일에 집중하기를 원한다. 가령 교회가 헌금을 교회 건물을 짓는 데 사용하기보다 공공의 유익을 끼치는 일에 쓰기를 바란다. 또한 과거의 굳어진 생각들에 도전하면서 기성 세대를 향해 "과연 그렇게 하는 것이 옳은가?"라고 질문한다.

그렇다고 해서 포스트-모던 시대가 위기라고 말할 수는 없다. 가치와 동기를 중요하게 여긴다는 것은 '본질을 추구한다'는 긍정적인 의미를 담고 있기 때문이다.

예를 들어, 교회에서 특별 새벽기도회를 한다고 하자. 그러면 프리-모던 세대 성도들은 당연히 참여한다. 신앙인의 마땅한 의무이고, 교회와의 약속이고, 장로나 권사로서 체면을 지키는 일이기 때문이다. 게다가 기도는 영적 전쟁이므로 잠에 빠져서 새벽기도회에 가지 못하면 영적 전쟁에서 지는 것이라 생각한다. 그래서 새벽기도회에 가지 않고 아침까지 자고 있는 손주들을 보면 이해가 안 된다.

모던 세대는 새벽기도회에 가면서 개인적인 문제들이 해결될 것을 기대한다. 자녀의 입시 문제, 남편의 직장 문제, 건강 문제, 경제적인 문제 등이 기도를 통해 해결될 것이라고 생각한다. 그리고 기도를 통해 지금보다 더 안전하고 나은 삶이 가능하다고 생각한다.

그러나 포스트-모던 세대는 질문부터 한다. '내가 왜 새벽에 일어나야 하지? 저녁에 기도하면 안 되나? 그리고 꼭 '특별'이라는 이름이 붙어야 의미가 있을까?'라고 묻는다. 어찌 보면 이 세대가 가장 종교적이다. 그들에게는 이유가 필요하다. 사실 그들은 기도하기를 거부하는 것이 아니라 진짜로 기도할 이유를 찾는 것이다.

이처럼 다름을 인정하고 이해하는 것은 중요하고, 또 필요한 일이다. 교회뿐 아니라 우리가 살아가는 세상에는 너무나 다른 가치관과 선지식, 그리고 선경험을 갖고 살아가는 이들이 많기 때문이다.

그중 누가 옳고 그른지를 따지는 것은 중요하지 않다. 경청은 누가 옳은지보다, 무엇이 옳은지를 알고자 하는 자세를 말한다.

진리를 찾는 사람은 있는 그대로의 모습과 생각, 그리고 마음을 알아가는 것에 대해 두려워하지 않는다. 정직하지 않다면 제대로 들을 수도 없고, 진정한 관계를 맺을 수도 없기 때문이다. 우리는 자신에게, 하나님께, 그리고 서로에게 진실해질 때 진리의 영이신 성령님의 인도하심과 말씀에 이끌릴 것이다.

03

하나님이 나를 대하시듯
다른 이를 대해야 한다

    우리의 모든 근거는 하나님께 있다. 믿음 또한 내가 가진 확신이나 내가 바라는 결과에 근거를 두지 않는다. 오직 하나님이 어떤 분이신지에 바탕을 두는 것이 성경적인 믿음이다. 그렇기에 내가 바라고 확신했던 결과가 오지 않았을 때 잠시 실망할 수는 있을지라도 믿음 자체가 흔들리지는 않는다. 내 생각과 이해, 경험과 능력을 훨씬 뛰어넘으시는 하나님을 신뢰하고 의지하기 때문이다.

    이처럼 우리의 생각과 판단의 기준은 하나님이 되셔야 한다. 하나님에게서 시작되어 하나님으로 귀결되는 것이 우리의 신앙이다. 그렇기에 다른 사람들을 대하는 자세 또한 하나님이 우리를 대하시는 방식을 기준으로 삼아야 한다. 즉 하나님이 나를 대하시듯 다른 사람을 대해야 하는 것이다. 하나님이 나를 사랑하는 자녀로 여기시고 그렇게 대하신다면 다른 사람에 대해서도 동일한 마음과 눈으로 대하신다고 이해하는 것이 마땅하지 않겠는가?

> 임금이 대답하여 이르시되 내가 진실로 너희에게 이르노니 너희가 여기 내 형제 중에 지극히 작은 자 하나에게 한 것이 곧 내게 한 것이니라 하시고(마 25:40).

지극히 작은 자 하나에게 한 것이 어떻게 주님께 한 것이 되는가? 곤경에 처해 있는 내 자녀에게 누군가가 관심을 갖고 도움을 베풀었다고 하자. 그것은 부모인 나를 도와준 것보다 훨씬 더 고마운 일일 것이다. 이처럼 하나님은 우리가 하나님의 마음이 향하고 있는 작은 자에게 사랑과 관심을 베푼 것을 그분께 한 일로 받아들이신다. 하나님께 한 것이나 다름없다는 것이다. 아니, 어쩌면 더 고마운 일일 수도 있다. 하나님은 우리의 도움이 필요하신 분이 아니기 때문이다.

> 가난한 자를 불쌍히 여기는 것은 여호와께 꾸어 드리는 것이니 그의 선행을 그에게 갚아 주시리라(잠 19:17).

우리가 가난한 자를 불쌍히 여겨 도와주면 하나님이 "내가 너에게 빚졌다"고 말씀하신다는 뜻이다. 아니, 세계와 거기 충만한 것이 모두 하나님의 소유인데 우리가 무슨 수로 하나님께 꾸어드릴 수 있단 말인가? 하나님이 무엇이 부족해서 인간에게 꾸시겠는가?

우리는 그저 하나님이 마음을 두고 불쌍하게 여기시는 작은 자, 혹은 도움을 필요로 하는 자에게 관심을 기울이고 도움의 손길을 내밀었을 뿐이다. 그런데 하나님은 그 또한 하나님을 향한 것으로 받아들이신다. 고마워하실 뿐 아니라 내게 빚졌다고 말씀하신다. 이 얼마나 놀라운 일인가. 우리가 믿고, 사랑하고, 예배하는 하나님은 얼마나 아름답고 선하신 분인가.

인대인이란 하나님이 나를 선대하시듯 나도 다른 사람들을 선대하는 것이다. 주님이 나를 이해하시듯 나도 주님의 형상을 따라 지으심을 받은 자녀들을 이해하고자 하는 것이다.

우리는 '나의 이야기'를 통해 하나님이 나를 얼마나 사랑하셨는지, 나를 어떻게 대하셨는지를 알게 되었다. 하나님은 나를 억지로 끌고 가시지 않았다. 언제나 따뜻하게 위로하고 보호하셨다. 하나님이 그리하셨듯이 우리도 그리해야 한다.

앞서 '듣는 것'부터 시작해야 한다고 말했다. 이 또한 하나님이 우리를 먼저 들으시기 때문이다.

내 양은 내 음성을 들으며 나는 그들을 알며 그들은 나를 따르느니라(요 10:27).

목자는 양을 안다. 즉 양을 듣는다. 하나님이 먼저 우리를 듣고 아시기에 우리 또한 그분의 음성을 들을 수 있다.

사랑은 여기 있으니 우리가 하나님을 사랑한 것이 아니요 하나님이 우리를 사랑하사 우리 죄를 속하기 위하여 화목 제물로 그 아들을 보내셨음이라(요일 4:10).

우리가 사랑함은 그가 먼저 우리를 사랑하셨음이라(요일 4:19).

모든 것의 시작은 하나님이시다. 하나님이 우리를 먼저 사랑하셨고, 먼저 들으셨고, 먼저 다가오셨다. 그렇기에 우리도 사랑할 수 있고, 다가갈 수 있고, 귀 기울일 수 있다.

이제 우리는 하나님이 우리를 대하시는 방식이 어떠한지, 그리고 하나님의 사랑을 받은 우리는 다른 사람들을 어떻게 대해야 하는지를 살펴볼 것이다.

나의 죄가 아니라 나의 의로움으로 나를 대하신다

어떤 미국인 목사님이 설교 중에 "하나님은 복음주의자가 아니십니다!"라고 말했다. 처음에는 '혹시 목사님이 근본주의자인가? 아니면 오순절파인가?' 하며 어리둥절했다. 그분의 뜻은 '하나님은 우리의 죄에 집착하시는 분이 아니다'라는 것이었다. 이 또한 무슨 위험한 발언인가?

한국에서 장로교 목사의 아들로 태어나 거의 대부분의 인생을 장로교 교인으로 살았고, 지금은 안수 받은 장로교 목사로 살아가고 있으니 나 또한 복음주의자라 할 수 있다. 어린 시절부터 교회에서 들어왔던 설교들을 떠올려보니, 유독 죄에 대한 지적과 회개를 많이 강조했던 기억이 났다.

클라이맥스는 항상 부흥회나 수련회 밤 시간에 이뤄졌다. 하나님이 싫어하시는 죄들이 무엇인지, 그것이 얼마나 심각한지에 대해 몇 가지 사례들을 섞어 드라마틱하게 보여주고, 어김없이 통성으로 자복하는 기도 시간을 가졌다. 그때 큰 소리로 부르짖지 않거나 눈물을 흘리지 않으면 집으로 돌아오는 내내 마음이 찝찝했다. 은혜를 받지 못한 것 같았고, 중요한 무엇인가가 빠진 것처럼 느껴졌다. 그러다가 다음 부흥회나 수련회가 열리면 혹여라도 은혜를 받지 못할까봐 부르짖어 회개하며 기도했다. 하지만 그때뿐이었다.

'하나님은 죄에 집착하지 않으신다'는 말은 무슨 뜻일까? 죄를 하찮게 보자는 말도 아니고, 회개의 삶이 필요하지 않다는 뜻도 아니다. 다만 십자가에서 "다 이루었다"고 하신 주님의 말씀을 좀 더 진지하게 받아들이자는 것이다. 예수님은 "내가 너의 죄와 수치와 연약함을 모두 짊어지고 십자가에서 대신 죽었다. 너의 죄 문제는 이미 내가 해결했다. 그러니 너는 네 죄를 붙들고 씨름하지 말고, 내가 네게 준 나의 의를 붙들고 살아가라"고 말씀하신다.

> 친히 나무에 달려 그 몸으로 우리 죄를 담당하셨으니 이는 우리로 죄에 대하여 죽고 의에 대하여 살게 하려 하심이라 그가 채찍에 맞음으로 너희는 나음을 얻었나니(벧전 2:24).

> 이와 같이 너희도 너희 자신을 죄에 대하여는 죽은 자요 그리스도 예수 안에서 하나님께 대하여는 살아 있는 자로 여길지어다 (롬 6:11).

> 하나님이 죄를 알지도 못하신 이를 우리를 대신하여 죄로 삼으신 것은 우리로 하여금 그 안에서 하나님의 의가 되게 하려 하

심이라(고후 5:21).

이는 죄가 사망 안에서 왕 노릇 한 것같이 은혜도 또한 의로 말미암아 왕 노릇 하여 우리 주 예수 그리스도로 말미암아 영생에 이르게 하려 함이라(롬 5:21).

예수님은 이미 십자가에서 자신이 해결한 죄와 죄성에만 집착해 살아가지 말고, 오직 의에 대해 산 자로서 은혜 가운데 살아가라고 말씀하신다.

매 주일 대표기도 시간에 거의 빠지지 않고 등장하는 표현이 있다. "지난 한 주간 죄 가운데 살다가 왔습니다. 연약해서 많이 넘어지고 죄도 많이 지었습니다. 우리를 긍휼히 여겨 용서해주시고 새 힘을 주옵소서." 언제까지인가? 다음 주일에 똑같은 기도를 되풀이할 때까지다.

한때 어린 마음에 이런 생각을 했었다. '우리는 영원히 죄의 굴레에서 벗어나지 못하는 것인가? 매번 죄지었다고 한숨을 내쉬고, 송구하지만 새 힘을 달라고 하나님께 요청하는 것이 가장 모범적이고 정상적인 삶이란 말인가?'

성령님이 우리의 삶 가운데 번번이 걸려 넘어지는 문제들이나 특별히 약한 부분들을 친절히 보여주시고 말씀해주시는 이유는 우리를 탓하시기 위해서가 아니다. 죄책감을 건드려 가슴을 치고 부르짖으며 눈물을 흘리는 회개의 굴레로 밀어넣으시려는 것이 아니다. 다만 하나님이 이미 우리에게 주신 약속과 은혜를 상기시켜 그것이 우리의 삶에 더욱 굳건히 세워질 수 있도록 우리를 초대해주시는 것이다. "그것을 제거해버리면 그런 사람이 될 수 있어"가 아니라 "너는 이미 그런 존재이기에 그것이 필요하지 않아"라고 말씀하시는 것이다.

다른 사람들을 대하는 우리에게도 이런 관점이 필요하다. 그들의 죄 문제를 대수롭지 않게 여기거나 무시하라는 뜻이 아니다. 다만 그들을 '죄인'이라는 정체성으로만 바라보거나 대하지 말라는 뜻이다.

'죄인'이라는 낙인을 찍어놓고 사람들을 바라보면 은연중에라도 우리 자신을 우월한 위치에 놓을 수 있다. 그러니 듣기보다 말하려 하고, 이해하기보다 가르치려 들고, 기쁨으로 대하기보다 심각하고 부담스러운 분위기를 자아내는 것이다.

나의 과거가 아니라 나의 미래로 나를 대하신다

인간관계에 있어서 소통은 필수다. 소통의 가장 큰 장애물 중 하나는 불신이다. 상대방에 대한 불신이 자리잡으면 보아야 할 것을 보지 못하고, 들어야 할 것을 듣지 못한다. 오히려 불신이라는 색안경을 쓰고 대하기 때문에 상대방의 본모습을 왜곡해서 볼 수밖에 없다.

불신이나 선입견이 생기는 주된 이유는 상대방에 대한 선지식, 혹은 선경험 때문이다. 지금 내 앞에 있는 사람을 있는 모습 그대로 받아들이고 이해하기보다 과거에 그가 했던 말과 행동들, 보여주었던 표정들, 남겼던 상처 등에 근거해 대하기 때문이다. 그때 우리의 관계는 앞으로 더 나아가기 어려워지고, 더 깊이 있는 이해가 불가능해진다.

생각해보라. 만약 하나님이 과거에 내가 했던 혹은 하지 않았던 말과 행동에만 근거해서 나를 대하신다면 당당할 사람이 있겠는가? 하지만 복음은 하나님이 나를 과거의 모습으로 대하시지 않고 미래의 모습으로 대하신다고 말한다.

다음 문장을 읽고 무슨 의미인지 생각해보라. "나를 너무 사랑하셔서 내 모습 이대로 받아주신 하나님은 나를 너무 사랑하시기에 이 모습 이대로 내버려두지 않으신다." 하나님을 실망시킬 수 있는 끔찍한 죄도 없고, 하나님을 놀라게 할 수 있는 엄청난 잘못도 없다. 모든 것을 다 아시는 하나님이 우리를 그저 받아주시고 자녀로 삼아주셨다.

하지만 주님의 사랑은 우리를 그 자리에 머물러 있게 하지 않는다. 아니, 할 수 없다. 우리를 향한 하나님의 뜻은 크고 놀라우며, 하나님의 작정은 돌이킬 수 없다.

> 하나님이 미리 아신 자들을 또한 그 아들의 형상을 본받게 하기 위하여 미리 정하셨으니 이는 그로 많은 형제 중에서 맏아들이 되게 하려 하심이니라 또 미리 정하신 그들을 또한 부르시고 부르신 그들을 또한 의롭다 하시고 의롭다 하신 그들을 또한 영화롭게 하셨느니라(롬 8:29-30).

우리를 택하고 부르신 하나님은 우리 모두가 그리스도의 형상으로 자라가기를 원하신다. 아니, 그렇게 이미 정하셨다.

> 너희 안에서 착한 일을 시작하신 이가 그리스도 예수의 날까지 이루실 줄을 우리는 확신하노라(빌 1:6).

또한 하나님은 친히 그 뜻하신 바를 우리 가운데 이뤄가신다. 한 왕이 길거리에서 구걸하는 거지 아이를 사랑해서 자녀로 입양했다. 그 목적은 단지 배고프고 불쌍한 아이에게 먹을 것과 입을 것, 그리고 거할 곳을 주려는 것만이 아니었다. 언젠가 왕

자(공주)로 살아갈 모습을 그리며 신분에 합당한 대우를 했다. 물론 아이의 입장에서 볼 때 처음에는 그런 현실이 불편하거나 불안할 수 있다. 자격지심에 빠질 수도 있다. 하지만 왕은 아이를 거지가 아니라 자녀로 대했다. 그것이 아이를 바라보는 왕의 관점이요, 마음이기 때문이다.

소돔과 고모라를 심판하러 가시던 하나님은 사람의 모습으로 아브라함에게 잠시 들르셨다. 함께 음식을 나누시고는 아브라함의 아내 사라에게 1년 뒤 아들이 있을 것이라 말하고 자리에서 일어나셨다. 그리고 떠나기 전에 아브라함에게 소돔과 고모라에 대한 심판 계획을 말씀하셨다.

그러자 아브라함은 하나님과 그 유명한 대화를 나누었다. 즉 의인이 50명, 아니 45명, 40명, 30명, 20명, 10명이 있어도 그곳을 멸하실 것인지를 하나님께 계속해서 여쭈었다. 하나님은 소돔과 고모라의 심판이라는 크고 심각한 결정에 일부러 아브라함을 참여시키신 것이다. 그전에 하나님이 하신 흥미로운 말씀이 기억나는가?

"내가 하려는 것을 아브라함에게 숨기겠느냐"(창 18:17).

자신이 하고자 하는 일을 아브라함에게도 알리고, 또한 그 일에 동참시키시겠다는 뜻이다. 왜일까? "아브라함은 강대한 나라가 되고 천하 만민은 그로 말미암아 복을 받게 될 것"(창 18:18)이기 때문이었다. 즉 아브라함은 열방의 조상이 될 것이기에 열방에 속하는 소돔과 고모라의 심판 계획에 그도 참여시키셨다는 말이다.

비록 아브라함은 하나님의 약속을 받았지만 아직 자녀도 없는 상황이었다. 약속의 자녀인 이삭도 1년이 지나야 태어날 것이라고 하시지 않았던가? 하지만 하나님은 이미 아브라함을 열방의 아비로 대하셨다. 과거나 현재의 모습이 아니라 미래에 이뤄질 모습으로 그를 대하신 것이다.

사사기를 보면, 여호와의 사자가 기드온을 찾아와 "큰 용사여 여호와께서 너와 함께 계시도다"(삿 6:12)라고 먼저 선포했다. 이때 기드온은 무엇을 하고 있었나? 미디안 사람들의 눈을 피해 포도주 틀에서 밀을 타작하고 있었다. 아이러니하지 않은가? 숨어서 타작하고 있는 기드온에게 여호와의 사자가 가장 먼저 던진 말이 "큰 용사여"라니! 심지어 웃기지 않은가?

예수님은 얼마 지나지 않아 한 여종 앞에서 예수님을 모른다 부인할 시몬에게 "네 이름은 베드로다. 즉 반석이다"라고 하며 새 이름을 주셨다. 혹시 순서가 헷갈리신 것 아닌가? 부활 후 오순절 사건이 일어난 뒤에 하셔야 하는 말씀이 아닐까? 아니면 시몬이 십자가에 거꾸로 매달려 죽기 직전에 주셨을 것 같은 이름 아닌가?

주님은 우리를 지금의 모습 혹은 과거의 모습으로 대하시지 않는다. 항상 하나님의 선하고 아름다운 뜻과 계획 안에서 이루어질 모습으로 우리를 바라보고 대하신다.

우리 역시 주께서 우리를 대하시듯 사람들을 대해야 한다. 지금의 모습, 과거의 모습으로만 바라봐서는 안 된다. 하나님이 바라보시는 눈으로 나도 그를 바라보고, 하나님이 품으시는 생각과 뜻에 나의 뜻을 맞춰야 한다.

우리는 서로를 대할 때 과거나 현재의 모습으로만 대하는 것이 아니라 하나님이 보시고, 말씀하시며, 부르시는 미래의 모습으로 대해야 한다. 그것이 복음이다. 속만 썩이는 말 안 듣는 자녀로만 볼 것이 아니라 축복의 통로가 되어 하나님의 마음을 시원하게 해드릴 주님의 아들, 딸로 바라보고 대해야 한다. 하나님을 절대 믿지 않을 패역한 직장 상사로만 볼 것이 아니라 복음의 감격에 굴복해 하나님을 결코 배신하지 않을 신실한 사람으로 대해야 한다.

각 사람에 대해 열린 귀와 마음을 가지고, 하나님이 그들을 어떻게 생각하고 바라보시는지를 묻고 들으며 소통한다면, 주님이 반드시 하나님의 생각과 마음을 우리에게 보여주실 것이다. 그리고 우리는 그 모습으로 그들을 대할 수 있게 된다. 마치 하나님이 우리를 보고 대하시듯이 말이다.

나의 약함이 아니라 그분의 강하심으로 나를 대하신다

우리는 약한 것을 싫어한다. '약육강식의 법칙'이 이 세상에 여전히 존재하다 보니 약자의 자리에서 이용당하고 조종당하기보다 강자의 자리에서 자신의 이익과 유익을 지키고 누리고 싶어 한다. 그래서 남들보다 조금이라도 더 갖기를 원하고, 더 빨리 가기를 원하고, 더 큰 힘을 갖고 싶어 한다.

하지만 복음은 우리를 향해 "내가 약한 그때에 강함이라"(고후 12:10)라고 말한다. 내가 약할 때 진정 강하신 분을 바라보고 의지하게 될 뿐 아니라, 그분의 힘과 능력과 지혜와 도움을 매 순간 받고 살아가는 것이 진정 자유롭고 강한 삶이기 때문이다. 은과 금은 없지만 예수의 이름을 내 자랑과 힘으로 삼는 것이 진정 행복하고 부유한 삶이다.

하나님은 우리의 약함을 보고 실망하시지 않는다. 혹은 하나님의 강하심으로 우리를 윽박지르거나 협박하거나 조종하려 들지 않으신다. 오히려 그분 자신을 우리에게 내어주어 우리의 생명과 능력이 되게 하신다.

> 도둑이 오는 것은 도둑질하고 죽이고 멸망시키려는 것뿐이요 내가 온 것은 양으로 생명을 얻게 하고 더 풍성히 얻게 하려는 것이라(요 10:10).

> 하나님이 세상을 이처럼 사랑하사 독생자를 주셨으니 이는 그를 믿는 자마다 멸망하지 않고 영생을 얻게 하려 하심이라(요 3:16).

예수님이 오신 목적은 생명을 주되 더 풍성하게 주시기 위해서다. 하나님은 죄로 물들어 심판만을 기다리는 세상을 사랑하셨다. 그래서 자신을 주셨다. 이것이 하나님이 우리를 대하시는 방식이다.

하나님은 우리를 주종의 관계로 보시지 않는다. 상하의 위치로 대하시지 않는다. 주님은 자신을 온전히 내어주시고, 우리를 완전히 감싸 안아주신다. 그분의 사랑에 속박하는 것이 아니라 오히려 자유롭고 온전한 나 자신이 될 수 있게 하신다. 우리 또한 이런 마음으로 사람들을 대해야 한다. 내가 가진 힘으로, 혹은 상대가 가진 약함으로 그들을 조종하고 내 뜻대로 몰아가서는 안 된다. 그들의 약함은 내가 감싸 안고, 나의 강함은 그들을 위해 내어주어야 한다.

한자어 '포용'(包容)은 물건을 싸맨다는 의미의 '포'(包) 자와 얼굴 '용'(容) 자로 되어 있다. 얼굴로 감싼다는 뜻이다.『포용의 힘』이라는 책에서는 이를 다음과 같이 설명했다.

> "사람의 얼굴은 천의 표정을 나타낼 수 있다. 희로애락을 담을 수 있는 것이 바로 얼굴이다. 상대방을 이해하고 안아주는 것이 가능한 신체 중 얼굴보다 더 좋은 것은 없다."

사도 바울이 "여러 사람에게 여러 모습이 되어 몇 사람이라도 구원에 이르게 하라"고 권면한 것도 이런 맥락에서 보면 이해하기가 쉽다(고전 9:22). 우는 자와 함께 울어주고 즐거워하는 자와 함께 웃어주는 것은 얼굴이 하는 역할이다(롬 12:15). 얼굴 표정에 모든 것이 들어 있다고 해도 과언이 아니다.

'포용'과 유사한 말 중에 '관대'라는 단어도 있다. 내가 가진 것으로 남에게 베푼다는 의미다. 포용이나 관대나 상대방에게 잘해준다는 의미로, 뜻이 유사하다. 그런데 포용과 관대를 뛰어넘는 단어가 있으니, 바로 '환대'다.

예수님은 환대를 가장 잘하신 분이다. 환대가 가능하려면 주인과 손님이라는 경계선이 무너져야 한다. 포용이나 관대는 주인과 손님, 친절을 베푸는 주체과 객체가 분명히 나뉜다. 돈이 있는 사람이 가난한 사람을 돕는 것은 관대다. 힘들지 않은 사람이 힘든 사람을 보듬어주는 것은 포용이다. 그러나 예수님은 하나님의 본체를 버리고 인간과 동등하게 되셨다. 심지어는 거룩한 하나님의 자리에서 내려와 죄인이 되셨다. 이것은 관대가 아니다. 포용이 아니다. 이것이야말로 환대다.

환대를 설명하는 이야기가 있다. 상상력을 동원해서 이야기 속으로 들어가 보면 환대를 이해하는 데 도움이 될 것이다.

"어느 날 집에 낯선 손님이 찾아온다. 주인은 기꺼이 문을 열어 그를 맞이하고 식탁에 앉힌다. 그리고 그를 위해 준비한 음식을 차려놓고 함께 식사를 한다. 식사 내내 주인은 낯선 손님의 이야기에 귀를 기울인다. 시간 가는 줄 모르고 이야기가 흐르면서 어느덧 낯선 손님은 그 집의 주인처럼 보이고, 누가 주인인지 누가 손님인지 구분되지 않게 된다."

예수님이 십자가에서 죽으신 후 엠마오로 돌아가던 두 제자가 있었다. 그들의 여정에 낯선 한 사람이 들어왔다. 두 제자는 낯선 사람의 이야기를 들었다. 그리고 그를 자신들이 머무는 숙소까지 초대해 계속 이야기를 들었다. 이것이 두 제자의 환대다.

이 과정에서 어느 순간 낯선 손님이신 예수님이 그 여정의 주인이 되신다. 그리고 두 제자가 예수님을 다시 만나는 놀라운 반전이 일어난다. 이처럼 하나님의 역사는 낯선 곳에서 예기치 못한 환대를 통해 일어난다. 우리가 예상하고 상상하는 방식이 아니다. 작은 자 하나에게 한 것이 곧 예수님께 한 일이라는 영적인 원리도 동일하다.

이방인인 고넬료의 집으로 초대받은 베드로는 어떠한가? 과연 누가 주인이고, 누가 손님인가? 그들의 만남에 주인과 손님은 없다. 서로 낯선 손님일 뿐이다. 그러나 그들이 함께 마주할 때 그 안에 성령님의 역사가 일어났다. 서로를 환대할 때 하나님이 그 안에서 역사를 일으키신다. 우리가 할 일은 낯선 손님을 맞아들이는 것이다.

앞서 이야기한 일식집 주인 부부의 이야기로 돌아가보겠다. 그 후 우리 부부는 종종 그 식당에 들러 부부와 이야기를 나누었다. 아니, 이야기를 들어드렸다는 것이 더 맞는 표현이겠다. 작은 마을에서 비밀은 오래가지 못했다. 내가 목회자라는 사실이 다른 사람의 밀고(?)로 얼마 안 가 들통나버렸다. 하지만 그 사실은 더 이상 중요하지 않았다. 우리는 이미 친구가 되었기 때문이다.

우리는 항상 손님으로 식당을 찾았지만, 어느새 주인과 손님의 경계가 모호해졌다. 그들을 진심으로 사랑하고 진정으로 듣고자 했기에, 즉 그들을 환대했기에 가장 싫어하는 두 부류에 정확히 해당되는 우리는 주인 부부가 가장 기다리는 이들 중 하나가 되었다.

영업 시간을 마치고 문을 걸어 잠근 뒤에도 우리의 대화는 한참이나 계속되곤 했다. 아직 하나님에 대한 이야기를 나눌 기회는 없었다. 하지만 서로에 대한 이야기를 통해 신뢰가 쌓여 가고 있다. 그리고 우리 안에 있는 소망의 이유에 대해 함께 나눌 때가 곧 오리라 기대하고 있다.

우리는 복음 밖에 있는 사람들을 환대해야 한다. 하나님의 대적이고 원수처럼 여길 것이 아니라 환영해야 한다. 낯선 손님을 통해 하나님의 역사가 일어난다. 낯선 손님을 통해 우리가 예수님을 만나게 되고, 또한 그가 예수님을 만나게 된다. 그 현장이 성령의 역사가 일어나는 장소가 된다.

이제는 좋아하는 사람, 선호하는 사람만을 만나는 편협한 만남을 뛰어넘어 포용과 관대, 더 나아가 환대로 향해야 한다.

04

품격 있는
인대인의 대화법

대화를 방해하는 언어의 태도를 버려라

❶ 말에서 이기려고 하지 말라

대화에서 제일 나쁜 태도다. 중요하지 않은 사항을 갖고 굳이 내가 옳다고 우겨서 얻을 것은 아무것도 없다. 대화에서 이기는 것이 무슨 의미가 있을까? 결국 상대방의 마음을 잃고, 나는 강퍅한 사람이 될 뿐이다. "내 말이 맞잖아!", "네가 몰라서 그래", "아, 시끄러워. 내 말대로 해!" 등 생각만 해도 끔찍한 말들이다.

❷ 내 편, 네 편을 가르지 말라

신앙이든, 정치든, 어떤 의견이든 편을 나눠서 이야기하는 것은 옹졸하다. 한쪽을 심하게 흉보면서 좋은 사람이 되기는 어렵다. 언어의 품격만 떨어뜨릴 뿐이다. 세 사람만 모이면 내 말에 동조하는 사람과 그렇지 않은 사람으로 가르는 버릇을 가진 사람은 정말 만나고 싶지 않은 사람이다.

❸ 숨은 의도를 갖고 말하지 말라

사람을 떠보려는 의도를 갖고 말하는 것은 굉장한 실례다. 그럼에도 불구하고 우리는 자신의 호기심을 만족시키기 위해 유도심문을 한다. 혹은 궁금증을 해소하려는 목적으로 은근히 떠보곤 한다. 이는 상대방을 멸시하는 태도다.

상대방과 삶을 나누기보다 가십거리를 만들려는 사람의 경우 주로 이런 태도를 취한다. 무엇을 얻어내려는 태도로는 상대방의 애환에 진심 어린 공감을 할 수 없다. 기본적인 태도가 바뀌어야 서로 마음을 나눌 수 있을 것이다.

❹ 말에 욕심을 내지 말라

말을 많이 하고 싶어서 안달 내지 말라. 말을 많이 할수록 실수가 많다. 그리고 분위기를 파악하지 못하고 자기만 말하는 습관은 아주 많은 성도가 저지르는 잘못이다. 기본적으로 가르치려는 습관, 내 말이 맞다고 여기는 태도, 내가 주도하려는 마음이 앞설 때 주로 말 욕심을 내게 된다.

주인공이 되려는 욕망을 버려라. 분위기를 주도하려고 대화하는 것이 아니라 서로의 마음을 나누기 위해 대화하는 것임을 기억해야 한다.

❺ 다 아는 척하지 말라

이 세상에 모든 것을 아는 사람은 없다. 그럼에도 불구하고 습관적으로 마치 '나는 그것을 이미 알고 있었다'는 식으로 말하는 사람이 있다. 어떤 사람은 대화하다가 걸핏하면 "나는 알고 있었는데, 너는 몰랐어?"라며 추임새를 붙인다. 그러면 상대방은 대화를 멈추게 된다. 혹시 나도 모르게 이런 추임새를 넣고 있지는 않은지 돌아보라. 상대를 매우 기분 상하게 하는 습관이다.

복음 밖의 사람들을 위한 언어의 품격

❶ 일상의 언어를 사용하라

새가족부 사역을 10여 년 하면서 누누이 강조하는 부분이다. 일단 종교적인 언어를 버려야 한다. 이런 언어는 교회에서도 별로 바람직하지 않다. 언어는 늘 일상이어야 한다. 왜냐하면 언어가 내 삶이기 때문이다. 이미 종교적인 언어를 쓰고 있다면 일상이 신앙의 영역과 구분되어 있을 가능성이 있다.

복음을 일상의 언어로 바꾸고, 종교적인 어려운 말은 쉬운 말로 바꿔 쓰는 습관을 들여야 한다. 쉬운 말, 간결한 말, 좋은 단어를 골라 쓰는 습관 또한 하나님을 위한 헌신임을 기억하자.

❷ 틀렸다는 말을 하지 말라

사람들은 각자 삶의 경험을 토대로 나름의 말을 한다. 그래서 "아이, 그건 좀 아니지. 네가 틀렸어"라는 말을 은연중에 하면서 상대방의 마음을 상하게 하거나 입을 닫아버리게 만든다.

영적으로는 아직 많은 것을 모른다 해도 그들은 이미 성인이고 사회인이다. 그들의 삶의 모든 경험을 단번에 무시하는 일은 결례다. 정말 틀린 말을 하더라도 "아, 그렇게 생각하는군요"라고 반응한 후 시간이 지나서 기회가 될 때 다시 조심스럽게 말하는 것이 좋다.

❸ 상대방의 신호에 민감하라

만약 상대가 시계를 보거나 하품을 한다면 지금의 대화가 지루하다는 의미다. 그러면 멈춰야 한다. 그런데 우리는 늘 대화에서 결과를 얻으려고 조급해하다가 관계를 해친다.

인대인은 관계이고, 여정이고, 동행이다. 긍정적인 답을 받아내려고 대화하는 것이 아니다. 조급할 필요가 없다. 친구가 되어주고, 서로의 삶을 통해 배움을 주고받는 좋은 동행이 되는 것이 제일 중요하다. 상대가 자꾸 화제를 바꾸거나 들썩거린다면 무언가 불편해하고 있다는 것임을 눈치채야 한다. 집에 가봐야 하는지, 직장에 들어가야 하는지, 혹은 속이 불편한지 등을 살피고 배려하는 마음과 자세를 가질 때 만남은 늘 즐거울 것이다.

❹ 그들의 부정적인 태도를 인정하라

신앙과 복음에 대해서 부정적인 태도를 보일지라도 흔쾌히 인정해줄 필요가 있다.

대학에서 새내기들을 대상으로 기독교 강의를 한 적이 있다. 무교이거나 타 종교를 가진 학생들이 의도적으로 듣기 싫다는 내색을 보였다. 그러던 어느 날 도저히 안 되겠다 싶어서 툭 터놓고 이야기했다. 지금부터 무제한 시간을 줄 테니 교회에 대해 비판해 보라고 했다. 그러자 봇물 터지듯 20분이 넘도록 이러저러한 비판을 쏟아냈다. 정말 힘들었다.

그렇게 충분한 시간이 지난 후 나는 그들에게 머리 숙여 사과했다. "너희 말이 모두 맞다. 진심으로 사과한다. 하지만 다 우리가 한 잘못이지 하나님이 그렇게 하신 것은 아니다. 부디 오해하지 말아주기를 바란다." 이후 학생들의 태도는 180도 달라졌다. 그들의 불편한 마음, 불만스러운 생각을 인정해주자 오히려 그들의 마음이 움직였던 것이다.

❺ 내 삶의 이야기로 대화하라

이론은 사람을 변화시키지 못한다. "자녀에게 잘해주십시오. 자녀를 사랑으로 대하십시오"라고 1시간 넘도록 강의한다고 해서 자녀를 사랑으로 대하게 되지는 않는다. 누군가의 실제 경험을 들어야 감동을 받고 결단하게 되는 것이다.

사람은 이론으로 변화되는 것이 아니라 '삶의 이야기'로 변화된다. 삶의 이야기를 들어야 귀를 기울이고 공감하게 된다. 그래서 나의 이야기를 정리하는 것이 중요하다. 복음을 전할 때 '복음'이라는 단어를 들이대기보다 내 삶에 녹아내린 하나님의 사랑을 나의 언어로 이야기할 때 최고의 나눔이 될 수 있다.

우리의 이야기는 우리 인생의 이야기다. 삶의 나눔이고 애환에 대한 위로다. '나의' 이야기와 '예수님의' 이야기를 넘치게 가진 내가 세상 속으로 들어가 교회 밖에 있는 사람들을 품고 그 이야기를 나눌 때 '우리의' 이야기가 풍성해질 것이다.

부.록.

인생과 인생이
마주하는 만남을 위해

- '이야기로 본 인대인 삶 바꾸기' 과정이란?
- 새가족 사역의 관점으로 본
'이야기로 본 인대인 삶 바꾸기' 과정 소개

01
'이야기로 본 인대인 삶 바꾸기' 과정이란?

누구를 위한 과정인가?

'이야기로 본 인대인 삶 바꾸기' 과정은 여전히 교회 안에 있는 나를 위한 과정이다. 인대인의 목표는 복음 밖에 있는 사람들과 함께 삶을 나누는 것이지만, 그전에 해야 할 일이 있기 때문이다. 이미 고정되고 경직된 우리의 신앙 패턴을 먼저 변화시켜야 한다.

한국 교회 성도들에게는 '나의 신앙'이 아니라 '교회의 신앙'만 있다. 그래서 내가 누군지, 나를 향한 하나님의 부르심이 어떠한지를 모르고서도 지금까지 신앙생활을 잘해왔다. 두루뭉술하게 네 것이 내 것인 듯 착각하며 스스로 이 정도면 괜찮은 신앙인이라며 만족하고 살아왔다. 그 착각을 벗고 다시 출발할 시간이 된 것이다.

따라서 하나님 안에서 먼저 나를 찾아야 한다. 이 세상에 단 하나밖에 없는 독특한 존재인 나를 하나님이 어떻게 사랑하고 부르셨는지를 알아야 한다. 그리고 그 토대에 복음을 견고히 심어야 한다. 그 작업이 선행되어야 한다.

결혼 전 결혼 생활을 미리 준비하기 위해 결혼예비학교 과정을 공부하는 것처럼, '인대인 삶 바꾸기' 과정은 세상으로 나가기 위해 내가 먼저 바뀌는 과정이다. 인대인에서 첫 번째 '인'은 내 안에서 버릴 것은 버리고 얻을 것은 다시 찾으면서 '나의 이야기'를 회복해가는 과정인 셈이다.

왜 또 '이야기'인가?

2007년 『이야기로 본 새가족 성경공부』가 출간되었다. 이론으로 점철된 교재들과 강의를 뒤엎고 '예화'라는 이야기로 쉽고 재밌게 복음을 풀어가기 위한 작업이었다. 여전히 이 책은 새가족 성경공부 분야에서 1위 자리를 차지할 만큼 많이 활용되고 있다. 사람들의 호응의 중심에는 '이야기'가 있다. 쉽게 마음에 와닿고, 이론이 아니라 이야기로 이해하고 응답하기 때문이다.

기초적인 복음의 다음 단계로 필요한 것이 무엇인지를 고민하다가 시작하게 된 '인대인 삶 바꾸기' 과정도 이야기를 중심으로 한다. 하지만 여기서의 이야기는 좀 다르다.

　새가족 과정에서의 이야기가 '예화'라는 형식을 통해 복음을 설명했다면, 인대인 삶 바꾸기 과정에서의 이야기는 '우리 인생의 이야기'를 통해서 한 명의 성도가 한 명의 교회 되게 하는 방식이다. '이야기'라는 동일한 단어를 썼지만 그 종류는 다르다. 어쩌면 남의 이야기보다 훨씬 더 큰 힘을 갖고 있을 것이다. 내가 이야기의 주체가 되기 때문이다. 그리고 실제로 이 양육 과정을 통해 많은 사람이 변화되는 경험을 직접 듣고 봤다.

　사람들은 나의 이야기를 만들어가는 과정에서 통곡하고 절규했다. 자신의 아픔을 들여다보는 일은 결코 쉬운 일이 아니기 때문이다. 총체적으로 드러난 자신의 삶 속에서 사탄이 숨겨놓은 많은 왜곡과 과장을 발견하기도 했다. 그리고 그 안에 촘촘히 박혀 있는 하나님의 손길과 사랑도 찾아냈다. 덮어두었던 자신의 인생을 말끔히 씻고 고이 접어 '추억'이라는 방에 보관했다가 감사의 기억으로 회생시켰다.

　그렇게 회복하고 하나님의 사랑을 확신해야 비로소 다른 사람을 사랑할 준비가 된다. 하나님의 사랑이 정말 좋아서 복음 밖에 있는 사람을 만나고 싶어 할 수 있기를, 또 만날 수 있는 용기를 갖게 되길 소망한다.

가짜가 판치는 세상에서 어쩌면 우리의 신앙도 교회 공동체의 뭉뚱그려진 찬양과 기도와 고백 속에서 실체 없이 공허해졌는지 모른다. 이제 그 껍질을 벗고 진짜 나, 진짜 나의 신앙을 발견하기 바란다. 그리고 세상을 이해하고, 세상을 사랑하고, 세상과 동행하기 위해 용감하게 발을 내딛는 우리가 되길 소망한다.

어떻게 해왔는가?

실험의 시간인 지난 1년 동안 '이야기로 본 인대인 삶 바꾸기' 과정은 꾸준히 업그레이드되었다. 처음에는 방향성만 제시하며 한 학기를 왔고, 다음 학기에는 구체적으로 '이야기'라는 틀을 갖고 진행했다. 그리고 세 번째 학기에는 '인대인 실천 과정'을 독서 토론, 경험담 공유와 더불어 진행했다.

삶이 변화된 이야기들 안에는 하나님의 일하심이 가득하다. 자신들은 아주 작은 일이라 여길지 모르지만, 인생의 무언가가 바뀌는 일이 어찌 작은 일이겠는가! 내 삶 주변에서 유령처럼 스쳐 지나가던 사람들이 다시 살아나고, 그들과 마주하며 동행하는 과정이 살아나고 있다. 모든 사람이 획기적인 변화를 일으킬 필요는 없다고 생각한다. 사실 그것은 거짓일 가능성이 농후하다.

인간은 그렇게 집단적으로 쉽게 변하지 않는다. 그저 한 사람의 아주 작은 변화만도 위대한 일이라 믿는다.

'이야기로 본 인대인 삶 바꾸기' 과정을 진행하면서 인상적이었던 몇 개의 사례를 함께 나누어보겠다.

"저는 신앙생활을 늦게 시작했습니다. 어린 시절, 집에 가는 길에 들린 교회 종소리가 정말 인상적이었어요. 그때는 왜 그런지 몰랐는데, 오늘 글을 쓰면서 알게 되었습니다. 하나님이 그때도 저를 지키고 계셨다는 것을요."

"저의 초등학교 시절을 기록하면서 지금 제 아들을 생각하게 되었습니다. 그때 마음으로 지금의 아들을 바라보니 왜 그렇게 다그치고 이해해주지 못했는지 너무 미안했습니다."

"어린 시절을 다시 기억하는 게 너무 힘이 들었습니다. 그런데 더 자세히 들여다보니 나쁜 것만 있지는 않았어요. 나름 좋고 행복한 순간들이 많이 있다는 것을 발견하게 되었습니다."

"지금의 나이에서 지난날을 돌아보니 저에게 상처를 줬던 사람들이 조금 더 이해가 됩니다. 어른의 관점으로 다시 바라보게 되어서 그때 그 일이 꼭 나쁜 것만은 아니었다는 것을 알게 되었습니다."

"예전에는 전도를 하다가 반응이 없는 사람들은 완전히 제쳐놓았습니다. 더 이상 나와 상관없는 대상으로 생각했어요. 이제 전도가 안 먹히는 사람이니까요. 그런데 요즘은 바뀌었습니다. 그런 사람에게도 늘 관심을 갖고 잘해주려고 합니다."

"초창기 선교사님들이 꼭 전도를 하지 않더라도 병원을 세우고 어려운 사람을 도우면서 자신의 인생을 조선 땅에 묻으셨던 것처럼, 진짜 신앙은 말보다 삶으로 돕는 것이라는 생각이 듭니다. 그렇게 살아보려고요."

"저는 언제나 경비하시는 분을 뵐 때 아주 예의 바르게 인사를 했습니다. 그런데 사실 그분 자체에는 관심이 없었어요. 그저 예의만 바르게 차렸을 뿐이에요. 그런데 이제는 그분을 자세히 보게 되었습니다. 말을 건네기는 쉽지 않지만 그분이 어떻게 지내시는지에 관심을 기울이기 시작했습니다."

"'이야기로 본 인대인 삶 바꾸기'를 하면서 직장 사람들에게 잘해주고 싶은 마음이 생겼는데 기존의 이미지 때문에 쉽지가 않아 힘이 듭니다. 어떻게 다가가야 할지 고민하고 있습니다."

"미용실을 10여 년 다녔지만 예수님에 대해서 전하지 못했습니다. 그들을 나와 상관없는 사람처럼 여겼던 것 같아요. 미용실을 방문했다가 미용사 어머니의 이야기를 듣게 되었고 그분께 처음으로 예수님을 권했습니다. '이야기로 본 인대인 삶 바꾸기'를 하면서 잃어버렸던 복음의 열정을 회복한 것 같아요."

"'이야기로 본 인대인 삶 바꾸기' 과정을 하면서 저를 돌아보니 주변에 안 믿는 사람이 너무 없는 거예요. 너무 오랫동안 교회 안에서만 봉사를 해왔더군요. 제 삶의 패턴이 이렇게 단조로운지 처음 알게 되었습니다. 그래서 탁구를 배워볼까 합니다. 그렇게라도 제 삶의 반경을 사회 속에서 넓혀가려고 합니다."

"마사지숍에서 주인이 저에게 조금 무례하게 대한 적이 있었는데 그냥 참았습니다. 그런데 어느 날 아파트 헬스장에서 운동을 하는데 그 주인을 만난 거예요. '이야기로 본 인대인 삶 바꾸기'를 하는 중이라 잘 지내시냐고 말을 걸었습니다. 그랬더니 그가 갑자기 엉엉 울면서 하소연을 하기 시작했습니다. 따로 다시 만나 이야기를 나누기로 약속했습니다. 복음이 필요한 분이라는 생각이 들어서 기도하고 있어요."

'이야기로 본 인대인 삶 바꾸기' 과정에 참여한 대부분의 사람들은 실제로 변화를 확실하게 보여주고 있다. 그러나 그것으로 끝은 아니다. 교회를 찾아오는 사람들을 환대할 뿐 아니라 주변에 있는 가까운 지인은 물론, 나와 상관없다고 생각했던 사람들까지 삶의 접점을 조금씩 넓혀가야 한다. 지속적인 재교육(만남과 나눔과 도전에 대한 격려)을 통해 모든 성도는 인대인 삶의 방식을 갖는 데까지 성숙할 수 있다.

'이야기로 본 인대인 삶 바꾸기'를 통해 한 걸음이라도 삶의 반경을 넓히고, 그 안에서 한 명의 교회로 살아가는 실력 있는 성도가 되길 간절히 소망한다.

02

새가족 사역의 관점으로 본 '이야기로 본 인대인 삶 바꾸기' 과정 소개

새가족 사역은 교회에서 매우 중요한 사역이다. 요즘처럼 전도가 어려운 시대에는 정착률이 높지 않으면 전도가 의미 없어지기 때문이다. 첫 번째 고민처럼, 인대인 사역 역시 대안을 고민하다가 시작했다.

따라서 '이야기로 본 인대인 삶 바꾸기'는 전 성도를 움직이는 역동적인 사역으로도 의미가 있지만, 새가족 사역의 다음 대안으로도 큰 의미를 갖는다.

지금껏 15년 가까이 새가족 사역을 하면서 한국 교회의 다양한 새가족부 사역을 봐왔다. 개교회의 상황과 전통, 지역에 따라 새가족 사역은 천차만별이었다. 다음 글을 통해서 각 교회의 새가족 사역이 어느 단계에 있는지 진단해보면 좋을 것이다.

이 단계의 맨 마지막에 '이야기로 본 인대인 삶 바꾸기' 과정이 들어갈 수 있다.

각 교회별 새가족부의 모습

1단계: 새가족부가 없는 경우

새가족부가 아예 존재하지 않는 경우다. 교회의 규모가 작으면 당연히 새가족부를 만들기 어렵다. 새가족 자체가 들어오지 않는 경우도 있으니 말이다. 그러나 교회 규모가 제법 있는데도 새가족부가 아예 없는 교회가 생각보다 많다. 새가족부가 없어도 이제껏 잘 지내왔기 때문에 새로 만들 생각을 못하기도 한다.

이런 경우에는 새가족의 정착 과정을 돕는 사역이 필요하다는 사실부터 먼저 알아야 한다. 그리고 교회의 상황과 규모에 맞게 새가족부를 구성해야 한다. 우선은 새가족 정착의 중요성을 인식하고, 새가족부를 구성하는 단계라고 할 수 있다.

2단계: 새가족부가 있으나 없는 것과 마찬가지인 경우

세미나를 진행하면서 개교회의 상황을 들어보면 새가족부가 있다고 하지만 실제로는 기능하지 않는 경우가 종종 있다. 그들은 극구 자신들의 교회에 새가족부가 있다고 고집한다. 그러나 이름만 걸어놓았을 뿐 실제로 운영되고 있다고 보기 어렵다.

이런 교회에서 새가족부의 역할은 예배 직전에 눈치껏 새로 온 사람을 알아보고 등록 카드를 받아 강단에 올려 예배 중에 환영하는 것이 전부다. 물론 필요한 역할이다. 하지만 그것으로 새가족부가 있다고 말하기에는 역부족이다. 교육과 정착을 위한 일정 기간의 도움이 반드시 필요하다.

3단계: 새가족부가 있고 잘 운영되는 경우

새가족부가 존재하고 그 안에서 새가족 정착을 위한 사역이 내실 있게 잘 진행되는 경우다. 대체로 '바나바'와 같은 조력자의 역할이 포함되어 있으며, 새가족 교육과 관리, 연락 체계 및 교회 소개 프로그램 등이 운영된다.

결국 새가족부가 온전하게 존재하려면 반드시 '새가족 교육'이 진행되어야 한다. 그리고 새가족의 정착을 돌봐주는 조력자들을 통해 그들의 정보와 상황이 공유될 필요가 있다. 두 가지 시스템이 함께 돌아가야 하는데, '새가족 교육'의 경우 강의든 성경공부든 교회의 상황에 맞추면 된다.

교회의 규모가 작은 경우에도 두 가지, 즉 교육과 돌봄 시스템을 갖추고 있다면 새가족부가 있다고 말할 수 있다. 교육만 하거나 돌봄만 하는 경우도 있으나, 실은 두 가지가 함께 필요하다.

새가족이 들어오면 반드시 복음을 제시하고 영접 여부를 확인해야 한다. 영접 여부는 개인이 결정할 일이지만, 복음 제시는 교회에 새로 온 사람이라면 누구에게나 예외 없이 해야 한다. 그들이 교회에 들어와 흩어진 이후에는 다시 찾아서 확인하기가 어렵기 때문이다. 교회를 오래 다녔다고 올바른 복음을 들은 것이라고 장담할 수 없기 때문에 더욱 그렇다. 그런 면에서 단순히 교회 소개 정도가 아니라 복음이 담긴 교육이 반드시 필요하다.

그런데 두 가지 시스템을 잘 갖추고 운영하는 교회가 실제로 많지 않다. 대형 교회를 제외하고는 그다지 원활하지 못한 상황이다. 인식 부족도, 인력 부족도 실제로 부딪히는 문제들이다. 현재 진행되고 있는 대부분의 새가족 봉사자 대상의 교육은 이 단계를 더 증진하기 위한 것이다.

4단계: 새가족부를 넘어서 모든 성도가 새가족부화 되는 경우

그동안 새가족부를 잘 조직하고 운영하는 데 목표가 있었다면, 이제는 전 성도를 움직이는 것으로 목표가 변화되었다. 한 걸음 전진한 것이다. 새가족부만 잘한다고 해서 새가족의 정착을 온전히 이룰 수는 없다. 새가족부 운영의 다음 단계, 다음 대안이 필요하다.

새가족 사역은 단기간에 운영되는 사역이기에 한계가 분명하다. 시간의 한계도 있고, 관계의 한계도 있다. 새가족이 4-5주 머물다가 구역 혹은 소그룹에 잘 연계되도록 도와주는 징검다리 역할은 매우 제한적이라 할 수 있다. 하지만 한편으로는 매우 긍정적인 제한이다. 손을 잡아 넘겨주는 가이드와 같은 역할을 섣불리 넘어서려고 하면 교회가 가진 조직의 구조가 손상될 우려가 있다. 그래서 이 부분을 늘 강조한다.

이제까지 새가족부는 교회의 여러 부서 중 하나로 취급되어왔다. 그리고 그것이 어떤 면에서 합리적이고 균형적이다. 그러나 새가족이 장기적으로 교회에 정착할 것을 생각한다면 새가족부에 대한 관심이 부족한 것은 사실이다. 새가족의 정착은 단지 교회를 다니는 수준을 넘어서 공동체의 일원, 영적인 가족으로 뿌리내리는 일이기 때문이다.

그러므로 이제는 잘 훈련된 새가족부와 좋은 시스템을 넘어 교회 전반의 문화적 변화가 필요하다. 그래서 "모든 성도가 새가족부다!"라는 모토로 각 교회에 인식의 전환을 외치고 있는 것이다. '모든 성도'에게 새가족을 대하는 법을 알려주고 관심을 갖게 할 수만 있다면 새가족 사역이 생각보다 쉬워질 수 있다.

새가족부 안에 머무는 몇 주 동안만 친절하게 대해준다고 해결될 문제가 아니다. 대부분의 새가족들은 주일이나 주중에 개별로 활동하고 많은 성도를 접촉한다. 그 과정에서 시험에 들고 상처를 받을 수 있다. 결국 전체 성도들의 인식이 바뀌고 새가족을 대하는 태도가 변화되어야 교회 안으로 들어온 영혼들이 잘 정착할 수 있다. 이 단계까지 가면 아주 좋은 성과를 낼 수 있다.

5단계: 교회 안의 성도를 넘어서 모든 성도가 세상과 교회를 연결할 수 있는 경우

새가족 봉사자만이 아니라 모든 성도가 동일한 마음으로 새가족을 환영하고 섬기는 일이 이뤄진다면 다음 단계로 나아가야 한다. '모든 성도가 새가족부'가 되는 단계는 '교회 안에 들어온 사람에 한하여'라는 제약이 있다. 즉 상당히 소극적인 환영에 그치게 된다. 이것이 내가 고민했던 한계다. 그다음 단계가 무엇이어야 하는지가 문제였다.

이제 그다음 단계로 "모든 성도는 이제 인대인이다!"를 제시하고 싶다. 교회 안에서만이 아니라 교회 밖에 나가 사람들을 만나고, 그들과 삶과 믿음을 나누는 인대인 말이다. 교회라는 한계를 넘어, 그리고 자기 발로 찾아오는 사람만 교회 안에서 환영해주는 소극성을 넘어 이제는 교회 밖으로 나가 사람들을 삶으로 환영하고 그들과 교제하라는 것이다.

엄밀히 말해서, 인대인은 전통적인 새가족 사역과 다르다. 시대가 바뀌었다. 언제까지 감나무에서 감 떨어지기를 기다리며, 자기 복만 추구하는 구태의연한 신앙인으로 살아갈 것인가! 복음을 들고 교회 밖으로 나가 환대와 친절을 베푸는 삶이 필요하다.

이 일만 이루어진다면 전도부 따로, 새가족부 따로가 아니라 모든 성도가 통합적으로 일상에서 역동적으로 복음을 전파하는 삶을 살아갈 수 있을 것이다. 또한 소비적인 신앙인에 머물던 한 사람, 한 사람이 생산적인 신앙인으로 바뀔 것이다. 그래서 교회 내부용 신자가 아닌 교회 안팎의 전천후 신자가 되어 세상에서 견고한 한 명의 교회로 세워질 것이다.

"모든 성도가 새가족부다!"에서 "모든 성도는 이제 인대인이다!"로 변화할 때다.

나가는 말

모든 성도는 이제 인대인이다!

 오래전 제자훈련을 하면서 답답함을 느꼈다. 이렇게 고생하며 1년을 보냈는데, 정작 사람들은 변화되기보다 지식을 얻고 단계를 마쳤다는 자부심에만 머무는 것 같아 마음에 늘 걸렸다. '다른 대안은 없을까? 마음을 조금 더 움직일 수 있는 훈련은 없을까? 실천으로 더 이어질 수 있는 무언가가 없을까?'

 오래 고민했다. 그러다 '내가 뭐라고 감히 제자훈련에 대한 대안을…' 하며 포기했다. 시간이 지나 과감하게 담임목사직을 내려놓고, 새로운 시도를 위해 교회를 합쳤다. 고민과 기도, 1년 정도의 성경공부, 그리고 집필 기간까지 2년여의 시간을 보내며 매번 진화되고 변화되는 경험을 했다.

 때로는 답답했고, 두려웠다. 하지만 감사하게도 분명한 것 하나는 잡았다. 머리와 마음을 함께 잡으려 했다는 것, 즉 무엇을 하든지 실천을 향하고 있었다는 것이다. 삶의 변화가 핵심이고 전부다. 나 자신의 변화와 이웃의 변화가 이 과정의 모든 것이다.

불가리아의 시인이며 소설가인 게오르기 고스포디노브가 쓴 『눈먼 바이샤』라는 단편 소설이 있다. 주인공 소녀 바이샤는 왼쪽 눈은 갈색, 오른쪽 눈은 초록색으로 태어났다. 소녀의 왼쪽 갈색 눈은 오로지 과거만 보고, 오른쪽 초록색 눈은 미래만 봤다. 그래서 소녀가 어머니를 볼 때면, 왼쪽에는 어린 여자아이가 있고 오른쪽에는 나이 많은 할머니가 있었다. 현재의 모습을 보지 못하는 소녀는 결국 맹인과 마찬가지였다. 그래서 사람들은 그녀를 '맹인 바이샤'라고 불렀다.

현재를 볼 수 없다면 결국 아무것도 보지 못하는 것과 매한가지다. 현재는 결국 실천이다. 지금 행동하고 도전하는 것, 그것이 바로 현재의 삶이다. 현재를 제대로 살 때 과거도 미래도 의미가 있는 것이다.

깊은 고민의 결과가 턱없이 부족할 수도 있겠으나 누군가의 삶 가운데 하나라도 변화된다면 의미 있는 시도라 하겠다. 인대인을 통한 하나님의 은혜가 머리에서 마음으로, 마음에서 손과 발로 가길 간절히 소망한다.

사명선언문

너희가 흠이 없고 순전하여……세상에서 그들 가운데 빛들로
나타내며 생명의 말씀을 밝혀 _ 빌 2:15-16

1. 생명을 담겠습니다
만드는 책에 주님 주신 생명을 담겠습니다.
그 책으로 복음을 선포하겠습니다.

2. 말씀을 밝히겠습니다
생명의 근본은 말씀입니다.
말씀을 밝혀 성도와 교회의 성장을 돕겠습니다.

3. 빛이 되겠습니다
시대와 영혼의 어두움을 밝혀 주님 앞으로 이끄는
빛이 되는 책을 만들겠습니다.

4. 순전히 행하겠습니다
책을 만들고 전하는 일과 경영하는 일에 부끄러움이 없는
정직함으로 행하겠습니다.

5. 끝까지 전파하겠습니다
모든 사람에게, 땅 끝까지, 주님 오시는 그날까지
복음을 전하는 사명을 다하겠습니다.

서점 안내

광화문점　서울시 종로구 새문안로 69 구세군회관 1층
　　　　　　02)737-2288 / 02)737-4623(F)

강남점　　서울시 서초구 신반포로 177 반포쇼핑타운 3동 2층
　　　　　　02)595-1211 / 02)595-3549(F)

구로점　　서울시 동작구 시흥대로 602, 3층 302호
　　　　　　02)858-8744 / 02)838-0653(F)

노원점　　서울시 노원구 동일로 1366 삼봉빌딩 지하 1층
　　　　　　02)938-7979 / 02)3391-6169(F)

분당점　　경기도 성남시 분당구 황새울로 315 대헌빌딩 3층
　　　　　　031)707-5566 / 031)707-4999(F)

일산점　　경기도 고양시 일산서구 중앙로 1391 레이크타운 지하 1층
　　　　　　031)916-8787 / 031)916-8788(F)

의정부점　경기도 의정부시 청사로47번길 12 성산타워 3층
　　　　　　031)845-0600 / 031)852-6930(F)

인터넷서점　www.lifebook.co.kr